ESTUDIO BÍBLICO CATÓLICO DE LIBROS LIGUORI

Libros sapienciales

JOB, SALMOS, PROVERBIOS, COHÉLET, CANTAR DE LOS CANTARES Y SIRÁCIDE

WILLIAM A. ANDERSON, DMin, PhD
Y P. LUCAS TEIXEIRA, SSL

LIBROS
LIGUORI

Imprimi Potest:
Stephen T. Rehrauer, CSsR, Provincial
Provincia de Denver, Los Redentoristas

Imprimatur: "Conforme al C. 827 el Reverendísimo Edward M. Rice, obispo auxiliar de St. Louis, concedió el Imprimátur para la publicación de este libro el 23 de abril de 2015. El Imprimátur es un permiso para la publicación que indica que la obra no contiene contradicciones con las enseñanzas de la Iglesia Católica, sin embargo no implica la aprobación de las opiniones que se expresan en la obra. Con este permiso no se asume ninguna responsabilidad".

Publicado por Libros Liguori, Missouri 63057
Pedidos al 800-325-9521
Liguori.org

Library of Congress Cataloging-in-Publication Data

Anderson, William Angor, 1937-
  [Wisdom books. Spanish]
  Los libros sapienciales : Job, Salmos, Proverbios, Cohélet, Cantar de los cantares y Sirácide / William A. Anderson, DMin, PhD y Lucas Teixeira, SSL. — Primera edición.
     pages cm
  ISBN 978-0-7648-2613-9
  1. Wisdom literature—Study and teaching. I. Title.
  BS1456.A5318 2015
  223.0071--dc23
                      2015018252
Los textos de la Escritura que aparecen en este libro han sido tomados de la Biblia de Jerusalén versión latinoamericana ©2007, Editorial Desclée de Brower. Usada con permiso. Todos los derechos reservados.

Libros Liguori, una corporación sin fines de lucro, es un apostolado de los Padres y Hermanos Redentoristas. Para más información, visite Redemptorists.com.

p ISBN 978-0-7648-2613-9
e ISBN 978-0-7648-7046-0

Impreso en Estados Unidos de América

23 22 21 20 19 / 6 5 4 3 2

Primera edición

Imágen de la portada: *Penitence of King David*, or *Remonstrations of Prophet Nathan*, c. 1442, The Art Archive/ SuperStock

Índice

Dedicatoria

LA SERIE DE LIBROS que componen la colección del Estudio Bíblico de Libros Liguori está dedicada entrañablemente a la memoria de mis padres, Kathleen y Angor Anderson, en agradecimiento por todo lo que compartieron con quienes los conocieron, especialmente con mis hermanos y conmigo.

WILLIAM A. ANDERSON

DEDICO EL PRESENTE Estudio Bíblico con gratitud, admiración y estima, al Prof. Luca Mazzinghi (Pontificio Instituto Bíblico, Roma), maestro de la literatura sapiencial; y al Prof. Holger Gzella (Leiden).

LUCAS TEIXEIRA

Reconocimientos

LOS ESTUDIOS BÍBLICOS y las reflexiones que contiene este libro son fruto de la ayuda de muchos que leyeron el primer borrador e hicieron sugerencias. Estoy especialmente en deuda con la Hermana Anne Francis Bartus, CSJ, D Min, cuya vasta experiencia y conocimiento fueron muy útiles para llevar, esta colección a su forma final.

WILLIAM A. ANDERSON

AGRADEZCO AL DIOS compasivo y misericordioso (cf. Neh 9:17; Éx 34:6) que me concede la posibilidad de ofrecer esta pequeña contribución para un mayor conocimiento, aprecio y vivencia de su Palabra. Y gracias también al equipo editorial de Liguori por la confianza, acogida y valoración de mi trabajo.

LUCAS TEIXEIRA

Introducción al
Estudio Bíblico de Libros Liguori

LEER LA BIBLIA puede intimidar a algunos. Es un libro complejo y muchas personas de buena voluntad que han tratado de leerla, terminaron dejándola desalentados. Por ello, ayuda tener un compañero de viaje y el *Estudio Bíblico de Libros Liguori* es uno confiable. En los diversos libros de esta colección, vas a aprender sobre el contenido de la Biblia, sobre sus temas, personajes y acontecimientos, y aprenderás también cómo los libros de la Biblia surgieron por la necesidad de responder ante nuevas situaciones.

A lo largo de los siglos, los creyentes se han preguntado: ¿dónde está Dios en este momento? Millones de católicos se vuelven a la Biblia en busca de aliento. La prudencia nos aconseja no emprender un estudio de la Biblia por nosotros mismos, separados de la Iglesia que recibió la Escritura para compartirla y custodiarla. Cuando se utiliza como fuente para la oración y atenta reflexión, la Biblia cobra vida. Tu decisión de adoptar un programa para el estudio de la Biblia debe estar dictada por lo que esperas encontrar en él. Uno de los objetivos del *Estudio Bíblico de Libros Liguori* es dar a los lectores una mayor familiaridad con la estructura de la Biblia, con sus temas, personajes y mensaje. Pero eso no es suficiente. Este programa también te enseñará a usar la Escritura en tu oración. El mensaje de Dios es tan importante y tan urgente en nuestros días como lo fue entonces, pero solo nos beneficiaremos de él si lo memorizamos y conservamos en nuestras mentes. Está dirigido a toda la persona en sus esferas física, emocional y espiritual.

Nuestro Bautismo nos introduce a la vida en Cristo y estamos hoy llamados a vivir más unidos a Cristo en la medida en que practicamos los valores de la justicia, la paz, el perdón y la vida en comunidad. La nueva alianza de Dios fue escrita en los corazones del pueblo de Israel; nosotros, sus descendientes espirituales, somos amados por Dios de una forma igualmente íntima. El *Estudio Bíblico de Libros Liguori* te acercará más a Dios, a cuya imagen y semejanza fuiste creado.

ESTUDIO EN GRUPO E INDIVIDUAL

La colección de libros del *Estudio Bíblico de Libros Liguori* está orientada al estudio y la oración en grupo o de forma individual. Esta colección te da las herramientas necesarias para comenzar un grupo de estudio. Reunir a dos o tres personas en una casa o avisar de la reunión del grupo de estudio de la Biblia en una parroquia o comunidad puede dar resultados sorprendentes. Cada lección del Estudio Bíblico contiene una sección para ayudar a los grupos a estudiar, reflexionar y orar, y compartir con otros sus reflexiones bíblicas. Cada lección contiene también una segunda sección para el estudio individual.

Mucha gente que quiere aprender más sobre la Biblia no sabe por dónde empezar. Esta colección les da un punto de partida y les ayuda a seguir adelante hasta que se familiaricen con todos sus libros.

El estudio de la Biblia puede ser un proyecto tan largo como la vida misma, que enriquece a todos los que quieren ser fieles a la Palabra de Dios. Cuando la gente completa un estudio de toda la Biblia, puede empezar otra vez, haciendo nuevos descubrimientos cada vez que se adentra de nuevo en la Palabra de Dios.

Lectio divina
(Lectura sagrada)

EL ESTUDIO BÍBLICo no consiste únicamente en adquirir conocimientos intelectuales de la Biblia; también tiene que ver con adquirir una mayor comprensión del amor de Dios y una mayor preocupación por la Creación. El fin de leer y conocer la Biblia es enriquecer nuestra relación con Dios. Dios nos ama y nos dio la Biblia para enseñarnos ese amor. En su discurso de 12 de abril de 2013 ante la Pontificia Comisión Bíblica, el Papa Francisco subrayó que "la vida y misión de la Iglesia se fundan en la Palabra de Dios que es el alma de la teología y al mismo tiempo inspira toda la vida cristiana".

El significado de *Lectio divina*

Lectio divina es una expresión latina que significa "lectura sagrada o divina". El proceso para la *Lectio divina* consiste en leer la Escritura, reflexionar y orar. Muchos clérigos, religiosos y laicos usan la *Lectio divina* en su lectura espiritual todos los días para desarrollar una relación más cercana y amorosa con Dios. Aprender sobre la Sagrada Escritura tiene como finalidad llevar a la vida personal su mensaje, lo cual requiere un periodo de reflexión sobre ella.

Oración y *Lectio divina*

La oración es un elemento necesario para la práctica de la *Lectio divina*. Todo el proceso de lectura y reflexión en el fondo es una oración, no un esfuerzo puramente intelectual; es también un esfuerzo espiritual. En la página 8 se ofrece una oración introductoria para reunir los propios pensamientos antes de abordar los diversos pasajes de cada sección. Esta oración se puede decir en privado o en grupo. Para los que usan el libro en su lectura espiritual de todos los días, la oración para cada apartado puede repetirse todos los días. También puede ser de utilidad llevar un diario de las meditaciones de cada día.

PONDERAR LA PALABRA DE DIOS

La *Lectio divina* es la antigua práctica espiritual de los cristianos de leer la Sagrada Escritura con una intencionalidad y con devoción. Esta práctica les ayuda a centrarse y a bajar a su corazón para entrar en un espacio íntimo y silencioso donde puedan encontrar a Dios.

Esta lectura sagrada es distinta de la lectura para adquirir conocimientos o información, y es más que la práctica piadosa de la lectura espiritual. Es la práctica de abrirnos a la acción e inspiración del Espíritu Santo. Mientras nos concentramos de forma consciente y nos hacemos presentes al significado íntimo del pasaje de la Escritura, el Espíritu Santo ilumina nuestras mentes y corazones. Llegamos al texto queriendo ser transformados por un significado más profundo que se encuentra en las palabras y pensamientos que estamos ponderando.

En este espacio nos abrimos a los retos y a la posibilidad de ser cambiados por el significado íntimo de la Escritura. Nos acercamos al texto con espíritu de fe y con obediencia, como un discípulo deseoso de ser instruido por el Espíritu Santo. A medida que saboreamos el texto sagrado, abandonamos la actitud controladora de quien quiere decir a Dios cómo debe actuar en nuestras vidas y rendimos nuestro corazón y nuestra conciencia a la acción de lo divino (*divina*) a través de la lectura (*Lectio*).

El principio fundamental de la *Lectio divina* nos lleva a entender mejor el profundo misterio de la Encarnación. "La Palabra se hizo carne", no solo en la historia, sino también en nosotros mismos.

Rezar la *Lectio* en nuestros días

Relaja tu cuerpo y mantén una postura de oración: sentado con la espalda recta, ojos cerrados, ambos pies en el piso. Ahora sigue estos cuatro sencillos pasos:

1. Lee un pasaje de la Escritura o las lecturas de la Misa del día. Esta parte se llama *Lectio* (si la Palabra de Dios se lee en voz alta, quienes escuchan deben hacerlo atentamente).

2. Ora usando el pasaje de la Escritura elegido mientras buscas un mensaje específico para ti. Una vez más, la lectura se escucha y se lee en silencio para ser reflexionada o meditada. Esto se conoce como *meditatio*.

3. El ejercicio ahora se vuelve activo. Toma una palabra, frase o idea que aflore al estar considerando el texto elegido. ¿Esa lectura te recuerda a alguna persona, lugar o experiencia? Si es así, haz oración pensando en ello. Concentra tus pensamientos y reflexiones en una sola palabra o frase. Este "pensamiento-oración" te ayudará a evitar las distracciones durante la *Lectio*. Este ejercicio se llama *oratio*.

4. En silencio, con tus ojos cerrados, tranquilízate y hazte consciente de tu respiración. Deja que tus pensamientos, sentimientos y preocupaciones se desvanezcan mientras consideras el pasaje seleccionado en el paso anterior (la *oratio*). Si estás distraído, usa tu "pensamiento-oración" para volver al silencio y quietud. Esta es la *contemplatio*.

Puedes dedicar a este ejercicio tanto tiempo como desees, pero en el contexto de este Estudio Bíblico, de 10 a 20 minutos deberían ser suficientes.

Muchos maestros de oración llaman a la contemplación "orar descansado en Dios" y la ven como el preámbulo del perderse a sí mismo en la presencia de Dios. La Escritura se convierte en nuestra oyente mientras oramos y permitimos a nuestros corazones unirse íntimamente con el Señor. La Palabra realmente se hace carne, pero en esta ocasión se manifiesta en nuestra propia carne.

Cómo utilizar
el *Estudio Bíblico*

Los comentarios y reflexiones que aparecen en este estudio, ayudarán a los participantes a familiarizarse con los textos de la Escritura y los llevarán a reflexionar con mayor profundidad en el mensaje de los mismos. Al final de este estudio contarán con un sólido conocimiento de los libros de Job, Proverbios, Eclesiastés, Sabiduría, Eclesiástico, los salmos y el Cantar de los Cantares. A este conjunto de libros también se le conoce como *Libros sapienciales*. Quienes estudian este volumen se darán cuenta de cómo estos libros les ofrecen un alimento espiritual. El estudio no es solo una aventura intelectual, sino también espiritual. Las reflexiones guían a los participantes en su propio caminar por las Escrituras.

UN MÉTODO PARA LA *LECTIO DIVINA*

Libros Liguori ha diseñado este estudio para que sea fácil de usar y aprovechar. De cualquier forma, las dinámicas de grupo y los líderes pueden variar. No tratamos de controlar la labor del Espíritu Santo en ustedes, por eso les sugerimos que decidan de antemano qué metodología funciona mejor para

> Nota: Los textos de la Escritura de este libro y de todo el Estudio Bíblico están tomados de la Biblia de Jerusalén, versión latinoamericana © 2007, Editorial Desclée de Brower. Usada con permiso.

su grupo. Si están limitados de tiempo, pueden hacer el estudio en grupo y hacer la oración y la reflexión después, individualmente.

De cualquier forma, si tu grupo desea profundizar en la Sagrada Escritura y celebrarla a través de la oración y el estudio, les recomendamos dedicar alrededor de noventa minutos cada semana para reunirse, de forma que puedan estudiar y orar con la Escritura. La *Lectio divina* (ve la página 8) es una antigua forma de oración contemplativa que lleva a los lectores a encontrarse con el Señor usando el corazón y no solo la cabeza. Recomendamos vivamente usar este tipo de oración, tanto en el estudio individual como en el de grupo.

METODOLOGÍAS PARA EL ESTUDIO EN GRUPO

1. Estudio bíblico con *Lectio divina*

Alrededor de 90 minutos
- ✠ Reunirse y recitar la oración introductoria (3 -5 minutos).
- ✠ Leer el pasaje de la Escritura en voz alta (5 minutos).
- ✠ Lectura en silencio del comentario y preparación para discutirlo en grupo (3-5 minutos).
- ✠ Discutir el pasaje de la Escritura junto con el comentario y la reflexión (30 minutos).
- ✠ Leer el pasaje de la Escritura en voz alta por segunda vez, seguido de un momento de silencio para la meditación y contemplación personal (5 minutos).
- ✠ Dedicar un poco de tiempo a orar usando el pasaje elegido. Los miembros del grupo leerán lentamente el pasaje de la Escritura por tercera vez, atentos a la voz de Dios mientras leen (10-20 minutos).
- ✠ Compartir con los demás las propias luces (10-15 minutos).
- ✠ Oración final (3-5 minutos).

2. Estudio bíblico

Alrededor de una hora
- ✠ Reunirse y recitar la oración introductoria (3 -5 minutos).

✠ Leer el pasaje de la Escritura en voz alta (5 minutos).

✠ Lectura en silencio del comentario y preparación para discutirlo en grupo (3-5 minutos).

✠ Discutir el pasaje de la Escritura junto con el comentario y la reflexión (40 minutos).

✠ Oración final (3-5 minutos).

Notas para el líder

✠ Lleva una copia de la Biblia de Jerusalén versión latinoamericana © 2007, Editorial Desclée de Brower u otra que te ayude.

✠ Haz un programa con las lecciones que verán cada semana.

✠ Prelee el material antes de cada clase.

✠ Establece algunas normas escritas básicas (por ejemplo: las clases duran solo noventa minutos; no se puede acaparar el diálogo discutiendo o polemizando; etc.).

✠ Ten las clases en un lugar apropiado y acogedor (algún salón de la parroquia, una sala de reuniones o una casa).

✠ Usen gafetes con los nombres de los participantes y organiza alguna actividad en la primera clase para romper el hielo; pide a los participantes que se presenten al grupo.

✠ Pon separadores en los pasajes de la Escritura que van a leer durante la sesión.

✠ Decide cómo quieres que se lea la Escritura en voz alta durante las clases (con uno o con varios lectores).

✠ Usa un reloj de pared o de pulso.

✠ Ten algunas Biblias extra o fotocopias de los pasajes de la Escritura para aquellos participantes que no lleven Biblia.

✠ Pide a los participantes que lean la introducción correspondiente antes de cada sesión.

✠ Di a los participantes qué pasajes van a estudiar y motívalos a leerlos antes de la clase; también invítalos a leer el comentario.

✠ Si optas por utilizar la metodología con Lectio divina, familiarízate tú primero con esta forma de orar.

Notas para los participantes

✠ Lleva tu propia copia de la Biblia de Jerusalén, versión latinoamericana © 2007, Editorial Desclée de Brower u otra que te ayude.

✠ Lee la introducción correspondiente antes de cada sesión.

✠ Lee los pasajes de la Escritura y el comentario antes de cada sesión.

✠ Prepárate para compartir tus reflexiones con los demás y para escuchar las opiniones de los demás con respeto (no es un momento para discutir o hacer un debate sobre determinados aspectos de la fe).

Oración inicial

Líder: Dios mío, ven en mi auxilio,

Respuesta: Señor, date prisa en socorrerme.

Líder: Gloria al Padre y al Hijo y al Espíritu Santo,

Respuesta: como era en el principio ahora y siempre por los siglos de los siglos. Amén.

Líder: Cristo es la vid y nosotros los sarmientos. Como sarmientos unidos a Jesús, la vid, estamos llamados a reconocer que las Escrituras siempre se han cumplido en nuestras vidas. Es la Palabra viva de Dios que vive en nosotros. Ven Espíritu Santo, llena los corazones de tus fieles y enciende en nosotros el fuego de tu divina sabiduría, conocimiento y amor.

Respuesta: Abre nuestras mentes y corazones mientras aprendemos sobre el gran amor que nos tienes y que nos muestras en la Biblia.

Lector: (Abre tu Biblia en el texto de la Escritura asignado y léelo con calma y atención. Haz una pausa de un minuto, buscando aquella palabra, frase o imagen que podrías usar durante la *Lectio divina*)

Oración final

Líder: Oremos como Jesús nos enseñó.

Respuesta: Padre nuestro...

Líder: Señor, ilumínanos con tu Espíritu mientras estudiamos tu Palabra en la Biblia. Quédate con nosotros este día y todos los días, mientras nos esforzamos por conocerte y servirte, y por amar como Tú amas. Creemos que a través de tu bondad y amor, el Espíritu del Señor está verdaderamente sobre nosotros. Permite que las palabras de la Biblia, tu Palabra, tomen posesión de nosotros y nos animen a vivir como Tú vives y a amar como Tú amas.

Respuesta: Amén.

Líder: Que el auxilio divino permanezca siempre con nosotros.

Respuesta: En el nombre del Padre y del Hijo y del Espíritu Santo. Amén.

Visión general del libro

El presente manual ofrece al lector creyente una guía orientativa de estudio y oración sobre la literatura Sapiencial del Antiguo Testamento. Estrictamente hablando, forman parte de este bloque, cinco escritos veterotestamentarios: Job, Proverbios, Eclesiastés, Sabiduría y Eclesiástico, a los cuales se añade también el libro de los Salmos (por contener numerosos puntos de contacto con la tradición sapiencial) y el Cantar de los Cantares (que en realidad es una obra única en su género).

Un tema común en los escritos sapienciales es precisamente el tema de la sabiduría, que se refiere a la experiencia concreta de la vida humana en el horizonte de la razón y de la fe. Otro tema frecuente es el del temor del Señor, entendido como piedad reverencial para con Dios, inicio de la sabiduría; así como el de la retribución o las consecuencias del propio obrar. Los salmos son un tesoro de piedad y oración. El Cantar de los Cantares, por su parte, con su poesía cargada de lirismo y simbolismo, es una preciosa reflexión sobre el amor humano.

El volumen se organiza en ocho lecciones, estando las dos primeras dedicadas al libro de Job, seguidas de dos lecciones para el libro de los Salmos, una para los Proverbios, una para el Eclesiastés y el Cantar de los Cantares, una para el libro de la Sabiduría y una para el Eclesiástico. Siguiendo la metodología de los manuales bíblicos de Liguori, las unidades se dividen en su mayoría en una sección de estudio en grupo y otra pensada para el estudio individual. Las preguntas de repaso han sido formuladas para ayudar a fijar los elementos más significativos de cada libro, recordar algunas de sus problemáticas específicas o bien suscitar su profundización, en vistas a lograr una mayor familiaridad con el libro de la Escritura que se está estudiando.

La presente colección de estudios bíblicos es más bien de carácter pastoral. Sin embargo, en la medida de lo posible, se ha buscado ofrecer una visión equilibrada sobre los diversos argumentos que estos tratan, tomando en consideración las aportaciones actuales de la ciencia exegética y de la tradición eclesial. Se sugiere la consulta de comentarios y estudios especializados para ulteriores profundizaciones, sobre todo cuando se trata de otras cuestiones más complejas que estos libros no abordan.

Las breves guías para la *Lectio divina* deben ser consideradas junto con su texto bíblico de referencia y la guía de estudio. Su finalidad es actualizar el mensaje bíblico del texto estudiado, conforme a las sugerencias de su interpretación y a lo que el Espíritu Santo ilumine al lector creyente, de manera que los criterios de la Palabra inspiren siempre más los suyos y así modelen su obrar conforme al querer de Dios.

Libros sapienciales

JOB, SALMOS, PROVERBIOS, COHÉLET, CANTAR DE LOS CANTARES Y SIRÁCIDE

Leer esta presentación antes de la primera lección.

Al entrar en contacto con la literatura sapiencial en la Biblia, el lector de inmediato percibe notables diferencias en relación con otros bloques de la literatura bíblica. En relación con el Pentateuco y los libros históricos, excepto por algunas pocas páginas de Job, llama la atención la ausencia de historias; en relación con los profetas, que no hay ni oráculos ni discursos divinos; y algunos de los libros impactan por su relativamente poca o ninguna referencia directa a Dios (como Eclesiastés o el Cantar de los Cantares). Sin embargo, los libros sapienciales son un tesoro de espiritualidad bíblica, de poesía, lirismo, pensamiento y piedad.

La tradición sapiencial bíblica, llamada así precisamente por hacer referencia constantemente al tema de la sabiduría, no es una realidad autónoma. Como ocurre con otras formas de expresión de la Biblia, también los libros sapienciales echan sus raíces en la cultura literaria de su contexto originario, esto es, el cercano Oriente Antiguo. Los autores hebreos que los compusieron, se sirvieron, por un lado, de temas y formas literarias que encontramos en las literaturas hermanas del antiguo Egipto, Fenicia, Mesopotamia y Grecia; pero, por otro, les dieron una nueva luz a las principales ideas de esas literaturas, al abordarlas desde su fe en Dios. De esa forma, les dieron un nuevo tinte y dimensión.

Así, los autores de este bloque escribieron sobre cómo vivir las diversas facetas de la vida humana en concordancia con la fe en el único Dios, creador de todas las cosas; ofrecieron sencillas y a la vez profundas reflexiones sobre los problemas de la vida cotidiana y ofrecieron posibles vías de solución guiados por el Espíritu de Dios. Los *Libros sapienciales* enfatizan, como ideas principales, el temor de Dios y el dominio del Dios vivo sobre todo el creado.

La literatura sapiencial comprende cinco libros en nuestras biblias: Job, Proverbios, Eclesiastés, Sabiduría y Eclesiástico. Aunque el libro de los Salmos en su totalidad y el Cantar de los Cantares, estrictamente hablando, no se consideran parte de la literatura sapiencial, estos fueron incluidos en nuestro canon bíblico entre los sapienciales y por este motivo también en el presente manual.

El libro de Job trata del sufrimiento y la necesidad de la confianza en Dios en medio a las pruebas y dificultades. Es una reflexión sobre por qué le suceden cosas malas a personas buenas.

El libro de los Proverbios transmite una sabiduría práctica sobre cómo vivir en fidelidad al Señor, procurando rodearse con prudencia de buenas relaciones humanas.

El Eclesiastés (o Cohélet), por medio de una atenta consideración de la realidad, insiste en la caducidad de la vida y en que no hay nada nuevo bajo el sol.

El libro de la Sabiduría, utilizando un recurso literario, pondera por boca del sabio rey Salomón los dones y beneficios de la sabiduría. Habla de la recompensa de los justos y del castigo de los impíos.

El Eclesiástico (o Sabiduría de Ben Sira) se compone de dichos sapienciales, himnos a la sabiduría, consejos y reflexiones sobre la condición humana.

El libro de los Salmos es una colección de oraciones de alabanza, súplica, arrepentimiento y agradecimiento que piadosos escritores del Antiguo Testamento compusieron como expresión de su fe en Dios. Incluye textos de la liturgia del Templo y meditaciones sobre la historia de Israel.

El Cantar de los Cantares, valiéndose de un lenguaje sensual, canta al amor humano. Ha sido leído también como una imagen de la relación íntima de Dios con el Pueblo escogido.

La sabiduría

Exceptuando quizás el Cantar de los Cantares, en un primer acercamiento, un tema común a estos escritos es precisamente el de la sabiduría, que en su acepción originaria hebrea significa sobre todo la habilidad práctica o la competencia técnica. Así, un sabio es sobre todo el que sabe hacer bien alguna cosa. De aquí que la sabiduría bíblica tenga que ver sobre todo con la vida concreta o cotidiana de los seres humanos. Los sabios de Israel, después de reflexionar en ella, condensaron sus conclusiones en una serie de máximas. De esta forma, la noción de sabiduría adquirió una dimensión educativa, cultural y ética, sin olvidar su profunda dimensión religiosa, es decir, la sabiduría también se ve como un don de Dios.

El temor del Señor

El "temor del Señor" es una expresión que aparece con frecuencia en la Escritura, de modo especial en la literatura sapiencial. En la óptica sapiencial, el temor del Señor es el principio de la sabiduría. Temer al Señor no significa tenerle miedo a Dios, sino cultivar una actitud de reverencia y adoración hacia el Dios infinitamente sabio, justo, misericordioso y rico en bondad, que todo lo ve. El temor reverencial a Dios está a la base de toda reflexión sobre los misterios y problemas de la vida y tiene como fin ayudar al creyente a obrar de modo justo, es decir, a obrar de forma que se agrade siempre al Dios viviente.

El tema de la retribución

Otro tema caro a la literatura sapiencial es el de la retribución. Aquí se trata de la relación que existe entre el obrar y su consecuencia, la cual puede ser una recompensa o un castigo. La visión tradicional en Israel era que el justo debía ser recompensado por Dios con una vida feliz y el impío, castigado. Este sería el orden establecido por Dios. La realidad, sin embargo, cuestionaba constantemente dicho supuesto, al menos en su rígida formulación tradicional. Los sabios de Israel reflexionaron sobre este problema y fueron dando respuestas según su tiempo, en los diversos libros.

Será el libro de la Sabiduría, escrito pocos años antes del primer siglo de nuestra era, el único dentro de la tradición sapiencial en afirmar de manera explícita que habrá una recompensa diversa para el justo y para el impío. La doctrina tradicional afirmaba que esta sería la misma, es decir, una pálida existencia lejos de Dios en el Sheol, que es el término hebreo para designar el reino de los muertos. Aunque no se encuentre en este la afirmación sobre la resurrección de los muertos, como en otros escritos de los siglos II y I a.C. (Daniel y Macabeos), el libro de la Sabiduría afirma claramente la posibilidad de la inmortalidad y una vida feliz con Dios como destino de los justos.

NOTA: Debido al vasto material que los *Libros sapienciales* abarcan, el presente comentario ofrece solo una visión sintética de los mismos. El fin de estas páginas es ayudar a quienes siguen el Estudio Bíblico, a acceder a estos libros con mayor facilidad, a partir de algunas claves de lectura.

LECCIÓN 1
El libro de Job (I)
JOB 1—3

Desnudo salí del seno materno y desnudo volveré a él. Yahvé me lo ha dado y Yahvé me lo ha quitado. Bendito sea el nombre de Yahvé (Job 1:21)

Oración inicial (ver página 14)

Contexto

Job 1—3 El Libro de Job, cuya redacción final tuvo lugar hacia mediados del siglo IV a.C., recibe su título de un hombre llamado Job, personaje central de la narración. El argumento principal del libro es el del sufrimiento del justo o de por qué cosas malas suceden a personas buenas. Job es descrito como un hombre rico, justo y recto, que es duramente probado en su amor y fidelidad a Dios. El nombre "Job" significa, "¿dónde está el padre?", nombre apropiado para el personaje central de la obra. Consciente de haber sido fiel a Dios durante su vida, Job se debate con el porqué de su sufrimiento, el cual lo ve como castigo. Tres amigos lo van a visitar y consolar: Elifaz de Temán, Bildad de Suj y Sofar de Naamat (cf. Job 2:11). Los amigos exponen la visión tradicional del Antiguo Testamento sobre la retribución (básicamente, que si haces el bien, eres bendecido por Dios; si haces el mal, eres castigado).

No obstante los esfuerzos de aquellos para convencerlo de debe haber pecado y de que por eso sufre, Job defiende su inocencia. A lo largo del libro Job anhela encontrarse con el Señor cara a cara para presentar su defensa. Dios se complace en la fidelidad de Job, el cual permanece fiel aun en la adversidad. Ha sido Dios quien permitió al adversario (el "satán") poner a Job a prueba, quitándole sus posesiones, luego sus hijos y finalmente su salud. Además de los diálogos con los tres amigos, el libro incluye dos monólogos de Job (capítulos 3 y 29-31) y un discurso divino (capítulo 38-42), enmarcados por una introducción y una conclusión narrativas. El tema teológico queda abierto (del sufrimiento del justo), pero el libro lega a la tradición bíblica una significativa aportación al respeto y concluye con un desenlace feliz.

Estudio en grupo (Job 1—3)

Leer en voz alta Job 1—3.

Capítulos 1—2: El apuro de Job

La historia comienza en la tierra de Hus, al este de Palestina, en Arabia. Allí Job, un hombre piadoso y temeroso de Dios, vive una vida casi utópica, habiendo sido bendecido por Dios con siete hijos y tres hijas, 7,000 ovejas, 3,000 camellos, 500 yuntas de bueyes, 500 burras y una servidumbre numerosa, haciéndole superior a cualquier otro en Oriente. Los orígenes de Job hacen de él un no-israelita temeroso de Dios. Los hijos de Job solían celebrar banquetes e invitaban a sus hermanas a unirse a ellos. Después de cada fiesta, Job ofrecía sacrificios al Señor en expiación por los pecados que sus hijos hubiesen podido cometer en aquellas circunstancias. Esta era su mayor preocupación.

A continuación la historia cambia de escenario y la atención del lector es dirigida a la cohorte celestial, donde el Señor es descrito como un monarca oriental sentado en su trono mientras recibe información de sus servidores llamados "hijos de Dios". Los hijos de Dios son unos seres celestes que forma parte de la corte celestial. Entre ellos se presenta "Satán", el cual no debe ser confundido con Satanás, al cual encontraremos más adelante en la Biblia.

El término "satán" en hebreo significa simplemente "adversario, oponente". Este personaje en Job es presentado como uno que espía el obrar humano y solo viene a acusar a los hombres y mujeres ante su jefe (cf. Zac 3:1ss). En Job, por tanto, el término describe un rol o función. No es un nombre propio. El "satán" actúa como un fiscal que quiere poner a prueba la fidelidad de Job.

Y el Señor permite inicialmente que el satán toque solamente los bienes de Job, pero no su persona. El acusador sugiere que Job ha sido fiel a Dios hasta aquel momento porque le ha ido bien. La situación entonces empieza a cambiar. Un primer sobreviviente se presenta ante Job con la noticia de un gran asalto por parte de los sabeos, un pueblo de Arabia. Le informa que sus rebaños han sido robados y sus siervos muertos; a continuación aparece un segundo sobreviviente diciendo que los rayos han consumido a sus ovejas y a otra parte de la servidumbre; un tercero aparece con la noticia del robo de sus camellos por parte de los caldeos; y, finalmente, la peor noticia de todas: un fuerte viento venido del desierto derribó la casa en que sus hijos celebraban un banquete, la casa cayó sobre ellos y los mató a todos.

Job llora sus pérdidas, especialmente la de sus hijos, pero incluso en estas circunstancias no blasfema contra Dios. "Desnudo salí del seno materno y desnudo volveré a él. Yahvé me lo ha dado y Yahvé me lo ha quitado. Bendito sea el nombre de Yahvé" son sus palabras (Job 1:21). Y el autor anota: "A pesar de todo, Job no pecó ni imputó nada indigno a Dios" (Job 1:22).

El capítulo 2 comienza con otra escena en la cohorte celeste. El Señor sigue alabando la extraordinaria fidelidad de Job ante semejante tragedia. Es entonces cuando se presenta otra vez el satán, diciendo que esto había ocurrido porque Dios no había tocado la salud de Job. Si lo hiciera, seguramente Job lo maldeciría. El Señor entonces autoriza que el satán toque también su salud, pero le ordena que lo deje con vida. Job entonces es afligido con llagas malignas desde la planta de los pies hasta la coronilla (cf. Job 2:7). Hasta la mujer de Job se pone en su contra y lo instiga para que maldiga a Dios y luego muera. Pero Job persevera en su integridad. "Hablas como una necia", le dice. Y continúa: "¡Resulta que estamos dispuestos a recibir de Dios lo bueno y no lo estamos para recibir lo malo!" (Job 2:10). Eso fue lo único que dijo.

Es entonces cuando tres de los amigos de Job, oyendo hablar de sus infortunios, vienen de sus respectivas regiones a verle. Elifaz viene de Temán, que está en Edom, tierra conocida por su sabiduría; Bildad viene de Suj; y Sofar viene de Naamat (estos últimos dos lugares no han sido identificados). Los tres amigos casi no lo reconocen al verlo tan afectado. Inmediatamente se le unieron en su luto, lloraron con él sentados en silencio a su lado, por un periodo de siete días y siete noches.

Capítulo 3: El lamento de Job

Job nunca maldice al Señor, pero en el monólogo que sigue, oprimido por sus sufrimientos, maldice el día de su nacimiento. Hubiera preferido que su día fuesen tinieblas en vez de haber tenido que experimentar tales sufrimientos. Es el dramático desahogo de una persona profundamente deprimida a causa de sus desgracias y sufrimiento. En situaciones como esa, el llanto es una forma de desahogarse. Job concluye diciendo: "Me sucede lo que más temía, me encuentro con lo que más me aterraba. Carezco de paz y tranquilidad, no descanso, todo es sobresalto" (Job 3:25-26). Ante tan intenso lamento, Elifaz, uno de sus amigos, tomará la palabra para hacerle algunas reflexiones.

Preguntas de repaso

1. ¿Quién es el satán de la historia de Job? ¿Es este presentado como una entidad negativa?
2. ¿Qué quiere decir el autor con la descripción de la cohorte celestial del Señor?
3. ¿Qué lecciones de sabiduría trasmite Job ante su catástrofe?

Oración final (ver página 15)

Hacer la oración final ahora o después de la *Lectio divina*.

Lectio divina (ver página 8)

Relaja tu cuerpo y mantén una postura de oración –espalda recta, ojos cerrados, pies en el piso–. Puedes tomar todo el tiempo que desees para hacer este ejercicio; sin embargo, para los fines de este Estudio Bíblico, de 10 a 20 minutos es suficiente.

Las meditaciones que se ofrecen a continuación tienen como fin ayudar a los participantes a familiarizarse con esta forma de oración; sin embargo, se debe tener en cuenta que la *Lectio divina* trata de llevar a la persona a la contemplación orante, esto es, a una contemplación más profunda donde la Palabra de Dios le habla al corazón. Para llegar a esto último, puede necesitarse más tiempo. Si deseas más información, ve a la página 8.

El drama de Job (caps. 1—2)

Job se da cuenta de que Dios le ha bendecido de muchas maneras a lo largo de su vida y le agradece todos sus beneficios. A la vez, reconoce que en la vida no todo es fácil, no todo es llano. Los justos también tienen momentos de oscuridad, tiniebla y llanto. Con sus palabras Job afirma: Dios no permite jamás un mal sino para sacar de él un bien.

✠ ¿Qué más podemos aprender de este pasaje?

El lamento de Job (cap. 3)

El lamento de Job refleja la reacción de tantas personas de fe ante las dificultades o pruebas que puedan experimentar en sus vidas. Muchos incluso llegan a desear la muerte, para escapar a tanto sufrimiento. Pero como Job, hay muchos que en vez de abandonar a Dios, siguen confiando en él y esperan de él el consuelo que necesitan.

✠ ¿Qué más podemos aprender de este pasaje?

El libro de Job II

JOB 4—42

Sólo de oídas te conocía, pero ahora te han visto mis ojos. Por eso me retracto y me arrepiento echado en el polvo y la ceniza (Job 42:5–6)

Oración inicial (ver página 14)

Contexto

Parte 1: Job 4—7 Cada uno de los amigos de Job le da un discurso, intentando convencerle de su pecado. El pecado, según ellos, es la causa de todos sus males. Si él se arrepiente, Dios lo bendecirá de nuevo. En estos capítulos, Elifaz se rehúsa a culpar a Dios por la situación de Job. En su respuesta, Job se rehúsa a admitir que haya hecho algo pecaminoso.

Parte 2: Job 8—42 Se suceden los discursos de los tres amigos de Job que tratan de convencerlo de su pecado, con las respectivas respuestas de este. Job sigue negando su culpabilidad. Sigue el discurso de un joven de nombre Elihú que también trata de convencer a Job, sin éxito. Finalmente, el Señor se manifiesta a Job y Job acepta plenamente las palabras del Señor, el cual le retribuye ampliamente por haberle permanecido fiel en la prueba.

PARTE 1: ESTUDIO EN GRUPO (JOB 4—7)

Leer en voz alta Job 4—7.

4—5 El primer discurso de Elifaz

Los discursos tienden a empezar con una pregunta que hace referencia a las palabras de Job. El primero de sus amigos, Elifaz, da inicio al ciclo de los discursos preguntándole a Job si sería capaz de soportar que le hablasen. Luego le recuerda que sus enseñanzas ayudaron y fortalecieron a muchas personas; sin embargo, ahora que él es quien se encuentra en una situación difícil, se deja vencer por la impaciencia y el miedo. Elifaz le recuerda que el Señor no castiga a personas inocentes y lo invita a sacar fuerzas de su piedad e integridad. Sigue una breve secuencia que parece fuera de lugar en la cual un personaje que se aparece en una visión pregunta si puede haber alguien más verdadero que Dios. La respuesta no dada es obviamente "no". Si ni siquiera los siervos y mensajeros de la cohorte celestial pudieron ser intachables, ¿cómo lo podrían ser los siervos de la tierra?

En el capítulo 5, Elifaz exhorta a Job a no ser impaciente y a no tener resentimiento para no ser como un necio que reparte sus necedades a sus propios hijos y servidumbre. Declara que poner la confianza solo en los seres humanos es vano y anima a Job a exponer su caso ante Dios, Señor de toda la tierra y de todos los seres. Elifaz intenta tranquilizar a Job, anotando que aquellos a los que el Señor corrige son bienaventurados. Dios no lo hace como señal de rechazo, sino de curación y para suscitar el arrepentimiento. El Señor lo puede estar corrigiendo para protegerlo del hambre, de la guerra o de las palabras perversas. Si Job acepta esto, triunfará de la adversidad y su familia estará segura. Elifaz insiste en haber aprendido estas ideas con el paso de los años y que el mismo Job debía conocerlas.

6—7 La primera respuesta de Job

Job responde desde lo hondo de su angustia, la cual se ha vuelto más pesada que las arenas del mar. Llegado a este punto, Job, en vez de buscar la bendición de Dios, manifiesta su deseo de morir para verse libre de tantos sufrimientos. Su único consuelo es la conciencia de que no ha pecado contra el Señor. Job rechaza las reflexiones de Elifaz, acusándole de decir palabras de poca ayuda. Como caravanas que buscan descanso en un desierto, Job no encuentra ningún alivio en las palabras de Elifaz. Lo que él busca en sus amigos es una razón para entender en qué se ha equivocado. Si se lo demuestran, entonces guardará silencio. Y pide que dejen de ignorar que él está convencido de que no ha hecho nada malo.

En el capítulo 7, Job habla del penoso trabajo que es la vida humana, la cual se asemeja más a la vida de un esclavo y que no es más que un ligero pasar de días sin esperanza; ni siquiera en el sueño encuentra descanso, pues en él sufre de pesadillas. Considera que pronto bajará a la morada de los muertos. A continuación vuelve su atención a Dios y se lamenta por sus sueños turbulentos. Dado que espera morir pronto, pide al Señor que lo perdone y remueva de él la culpa para que pueda morir en paz.

Preguntas de repaso

1. ¿Cuáles fueron los sufrimientos que Job tuvo que padecer?
2. ¿Qué consejo intenta dar Elifaz a Job?
3. ¿Por qué siente Job que las palabras de Elifaz no le son de ayuda?

Oración final (ver página 15)

Hacer la oración final ahora o después de la *Lectio divina*.

Lectio divina (ver página 8)

Relaja tu cuerpo y mantén una postura de oración –espalda recta, ojos cerrados, pies en el piso–. Puedes tomar todo el tiempo que desees para hacer este ejercicio; sin embargo, para los fines de este Estudio Bíblico, de 10 a 20 minutos es suficiente.

Las meditaciones que se ofrecen a continuación tienen como fin ayudar a los participantes a familiarizarse con esta forma de oración; sin embargo, se debe tener en cuenta que la *Lectio divina* trata de llevar a la persona a la contemplación orante, esto es, a una contemplación más profunda donde la

Palabra de Dios le habla al corazón. Para llegar a esto último, puede necesitarse más tiempo. Si deseas más información, ve a la página 8.

El primer discurso de Elifaz (4—5)

Jesús tuvo que corregir algunas falsas creencias del pueblo del antiguo Israel, entre las cuales la idea de que el sufrimiento es señal de castigo y descontento de Dios. Siguiendo la idea de su tiempo, Elifaz cree que Job está siendo castigado con el sufrimiento a consecuencia de sus pecados. Jesús, sin embargo, dice que el Señor "hace salir su sol sobre malos y buenos, y llover sobre justos e injustos" (Mt 5:45). El sufrimiento queda envuelto en el misterio; pero a la vez este misterio está envuelto en la misericordia de Dios.

✠ ¿Qué más podemos aprender de este pasaje?

La primera respuesta de Job (6—7)

Job quedó muy afectado después de la pérdida de su familia y posesiones, pero permaneció fiel al Señor. Muchos santos a los largo de la historia de la Iglesia atravesaron momentos de gran oscuridad, sufrimiento y pérdidas, pero sostenidos por su fe no cedieron a la tentación de la desesperación. Depresión, duda, fragilidad emocional no son pecados, sino parte del camino humano hacia la santidad y unión con Dios.

✠ ¿Qué más podemos aprender de este pasaje?

PARTE 2: ESTUDIO INDIVIDUAL (JOB 8—42)

Día 1: El primer ciclo de discursos (8—14)

Bildad, otro de los amigos de Job, toma entonces la palabra y le pregunta a Job cuánto tiempo aún hablará en aquellos términos. Sus palabras son como un viento huracanado. Si los hijos de Job pecaron, Job podría todavía rezar al Señor y el Señor oiría su oración siendo él irreprochable. Bildad declara que todos ellos poseen la sabiduría de sus antepasados. Las lecciones pasadas enseñan sobre la falta de esperanza de los que abandonan al Señor. Los que lo rechazan pueden parecer fuertes y hasta saludables durante su vida, pero al morir, son olvidados. Dios, sin embargo, recompensará al justo y colmará su vida de alegría. Los que aborrecen al Señor solo encuentran vergüenza y destrucción.

En el capítulo 9, Job concuerda con Bildad en que Dios protege a los buenos y se pregunta quién podría discutir con Dios y responder aunque sea a una sola de las preguntas de las miles que él le haría. A continuación reconoce el poder de Dios sobre toda la creación, las montañas, la tierra y sus fundamentos, así como el sol, la luna, las estrellas y el mar. Declara que el Señor es invisible y obra muchos milagros. Aunque Dios trajese la muerte, nadie osaría pedirle cuentas. Job considera que no puede discutir su caso con Dios, aunque tuviera razón.

Sintiéndose desprotegido ante el Señor, Job habla como si el Señor quisiera castigarlo, no importando si él es bueno o malo. Si dejara de quejarse contra Dios y obrara como si nada hubiera pasado, el Señor seguiría enviándole sufrimientos. Dado que el Señor no acepta su declaración de inocencia, se pregunta por qué entonces debería intentar hablar con él. Visto que el Señor no es un ser humano como él, Job considera que no tiene los medios para discutir de manera adecuada su problema con él. Cómo le gustaría que pudiera existir un árbitro entre él y el Señor, el cuál mediaría su caso y reconocería su inocencia.

En el capítulo 10, Job sigue en su disputa con Dios, reclamándole por la amargura que siente y su sensación de impotencia ante el poder de Dios. Sigue preguntando a Dios por qué le sigue oprimiendo, llegando al punto del sarcasmo. Pregunta si el Señor es injusto como los seres humanos, atribuyendo pecados que no cometieron con el fin de demostrarles que nadie puede escapar de sus manos. Se pregunta si el Señor lo creó para luego aniquilarlo en caso de que pecara, sin prestar atención a sus buenas obras. Admite que el Señor le dio vida y amor, pero estos dones ahora se encuentran escondidos en el corazón del Señor. Frustrado, se pregunta por el sentido de su miseria, de por qué el Señor permitió que naciera. Pide al Señor que lo deje en paz, a fin de que pueda tener al menos un momento de descanso antes de entrar en las sombras de muerte.

En el capítulo 11, Sofar, el tercero de los amigos de Job, se convierte en el interlocutor y pregunta si las provocaciones de Job al Señor deberían ser dejadas sin respuesta. Se burla de Job, el cual –dice– se considera intachable a los ojos de Dios, pero seguramente no se está dando cuenta de alguna de sus maldades. Pregunta si Job se considera capaz de juzgar a Dios, como si pudiera conocer la mente y los motivos del todopoderoso, el cual sí es intachable. Sofar urge a Job a quitar toda maldad de sí mismo, de modo que pueda presentarse ante Dios como alguien inocente y en paz. Si Job se arrepiente, su miseria cesará y vivirá con seguridad y esperanza, siendo capaz incluso de ayudar a otros.

El capítulo 12 presenta la tercera respuesta de Job. Reconociendo la sabiduría de sus amigos, Job añade que él también posee sabiduría. Explica cómo sus vecinos se burlan de él, diciendo que aun siendo justo y recto, ahora es un desgraciado, mientras los ladrones y malvados viven en paz. Todas las criaturas saben que ha sido el Señor quien lo ha hecho todo. Así como la sabiduría es característica de la persona anciana, del mismo modo el Señor la posee, así como el poder y el conocimiento. Todo lo que el Señor decide hacer en la creación, lo hace.

En el capítulo 13, Job se enfrenta a sus tres amigos, llamándoles médicos de poca valía, los cuales serían más sabios si permanecieran en silencio. Ellos intentan defender al Señor con sus falsas acusaciones contra Job. Les pide que callen y escuchen lo que él tiene a decir al Señor, defendiéndose a sí mismo, aun considerando que corre el riesgo de muerte. Pregunta de nuevo por los pecados que supuestamente ha cometido, pidiendo al Señor que le explique por qué le oculta su rostro y lo trata como a un enemigo.

El capítulo 14 es una reflexión de Job sobre la fragilidad de la vida humana. Es tan breve como la vida de un árbol que existe y luego es cortado. Pero al menos del tocón todavía puede surgir otro árbol, mientras que con la muerte del hombre, la vida se termina por completo (en la época de Job aún no existía la creencia en la vida después de la muerte). Job pide ser escondido vivo en la región de los muertos, hasta que se calme la ira de Dios contra él.

Lectio divina

Pasa de 8 a 10 minutos en contemplación silenciosa del siguiente pasaje:

A Job la pérdida de sus bienes le ha causado un gran dolor. Pero sentir que Dios ya no le amaba, le hacía su dolor todavía más duro. Muchos santos han experimentado lo que suele llamarse "noche oscura del alma". Como Job, se sentían abandonados por Dios y tenían gran dificultad para orar. En aquel estado de alma, Dios les parecía completamente ausente y como si los estuviera ignorando. Pero perseveraron en la oración y su fe se purificó y agigantó enormemente. Dios prueba al justo como se prueba al oro en el crisol (cf. Prov 17:3).

✠ ¿Qué más podemos aprender de este pasaje?

Día 2: El segundo ciclo de discursos (Job 15—21)

Elifaz abre el segundo ciclo de discursos, preguntando si un hombre sabio respondería con tanta precipitación como lo hizo Job. Acusa a Job de haber abandonado su piedad y reverencia para con Dios, diciendo que sus mismas palabras lo condenan. Indagando sobre la fuente de su sabiduría, Elifaz pregunta a Job si había nacido antes de que las montañas fueran creadas, si él era parte del consejo celeste antes de la creación del mundo o si él sabía más que los que le superan en edad. Reprocha a Job por enojarse contra Dios y le recuerda que aquellos que se creen sabios de ese modo, vivirán una vida breve y atormentada.

En el capítulo 16, Job acusa a sus amigos de causarle más turbación que alivio con sus palabras. Sostiene que el Señor lo desgarra con el sufrimiento. Valiéndose de imágenes que expresan el dolor del abandono, Job dice que Dios lo ha roto en pedazos. Pide a la tierra que no oculte su sangre inocente para que esta incesantemente clame a Dios (cf. Gn 4:10). No obstante sus amargas palabras, Job le pide a Dios que le haga justicia.

En el capítulo 17, Job declara que está rodeado de gente que se burla de él y que le escupe en el rostro. Él es solo una sombra de sí mismo y los justos, al verlo, se quedan sin habla. Dado que no encuentra sabiduría en sus compañeros, los cuales se rehúsan a creer en su inocencia, les pide que se marchen. Su única esperanza es la oscuridad de la tumba y la corrupción de sus ser.

En el capítulo 18, Bildad pregunta a Job hasta cuándo seguirá con sus discursos. Le dice que reflexione sobre su situación y que deje de tratar a sus amigos como animales. Afirma que son los malvados los que viven en tinieblas, engañados por sus propias ideas, cayendo en trampas, rodeados por el terror, el hambre, a poco pasos de la muerte. No tienen descendencia que mantenga viva su memoria.

En el capítulo 19, Job responde a la acusación implícita que le hace Bildad. Job sigue acusando al Señor de obrar injustamente con él. Valiéndose ahora de imágenes militares, Job dice que Dios le tiene como enemigo, que avanza con sus tropas contra él, haciendo que la miseria acampe a su alrededor. Su familia y amigos cercanos lo evitan, y sigue insistiendo en su inocencia.

En el capítulo 20, es de nuevo Sofar de Naamán, quien toma la palabra y le pregunta a Job en el versículo 5 si no sabe que el triunfo del malvado dura poco, no obstante su arrogante orgullo. Como los demás amigos, Sofar insiste en la idea de que las aflicciones son consecuencia de una mala conducta y de que la aparente prosperidad del malvado no salvará su vida.

En el capítulo 21, Job responde al argumento de Sofar sobre las aflicciones del malvado. Para Job, la realidad ofrece un cuadro diverso. Personas buenas sufren y mueren, mientras las malas siguen viviendo. La descendencia del malvado florece, sus casas están al seguro, no son castigados por Dios. Su ganado se multiplica, viven contentos y mueren tranquilos. No tienen deseos de conocer a Dios, preguntándose quién es el Todopoderoso para que ellos lo tengan que servir. A la vez Job admite que nadie puede cuestionar a la sabiduría de Dios. Unos mueren con buena salud, mientras otros lo hacen sin haber probado la felicidad en la vida. Ambos yacen en el polvo del mismo modo.

Lectio divina

Pasa de 8 a 10 minutos en contemplación silenciosa del siguiente pasaje:

Cuando Job necesitó a alguien que lo comprendiera, no encontró sino incomprensión aun de parte de sus amigos más cercanos. Jesús experimentó una suerte semejante cuando Judas, uno de sus amigos, lo traicionó. Su pasión no fue solo física sino también profundamente interior y sentida. Cuando uno sufre, sentir el apoyo de una persona cercana es un gran consuelo y bendición. Lo contrario es ciertamente una espina más en el propio dolor.

✠ ¿Qué más podemos aprender de este pasaje?

Día 3: El tercer ciclo de discursos (Job 22—28)

Elifaz inicia su tercer discurso preguntando si el Señor –que no necesita a nadie– busca sacar algún provecho de los seres humanos. Creyendo que solamente el impío es castigado, Elifaz le pregunta a Job con sarcasmo qué gana Dios con su justicia o piedad. ¿Acaso Dios le reprocha por ser religioso? Irónicamente fue precisamente la justicia y la piedad de Job las que llevaron al adversario, al satán, a ponerle a prueba, con el permiso de Dios. Enumerando pecados cometidos por el rico aun de manera inadvertida, Elifaz acusa a Job de haber ganado sus riquezas de forma pecaminosa, ignorando al hambriento y sediento, a las viudas y huérfanos, y actuando como si la tierra perteneciera solamente al rico. Le pregunta si cree que Dios no puede ver sus pecados. Y retando la afirmación de Job de que los pecadores prosperan, Elifaz recuerda el castigo del diluvio, causado precisamente por los pecados del malvado, mientras el justo fue salvado.

Insiste con Job en que abogue por su causa ante el Señor, el cual oirá su súplica. En el capítulo 23, Job responde afirmando cuánto quisiera poder presentar su caso en persona ante el Señor y conocer de primera mano los motivos por los cuales este lo está castigando. Job afirma su convicción de que el Señor escucha las razones del justo y lo bendice, y se lamenta de no poder encontrar al Señor en toda la tierra. Aunque clama que había permanecido fiel al mandamiento del Señor y que había sido probado como el oro en el crisol, sostiene con firmeza que nadie puede argüir contra las decisiones del Señor.

En el capítulo 24, Job se pregunta de nuevo por qué los amigos del Señor no son testigos del merecido castigo del malvado. Enumera los pecados que aquellos cometen contra los pobres, viudas y huérfanos, robando sus posesiones, llegando incluso a tomar a sus hijos como garantía por sus deudas. No obstante los apuros del oprimido, el Señor parece no hacer nada contra el malvado. Los versículos 18 a 24 de este capítulo son de significado incierto y posiblemente se encuentran fuera de lugar en la tradición o bien han sido inseridos posteriormente.

En el capítulo 25, Bildad desarrolla un breve discurso sobre el poder del Señor, preguntado si hay alguien que pueda luchar contra su numeroso ejército.

¿Cómo puede alguien ser inocente y justo ante el Señor? Comparados con la gloria del Señor, la luna y las estrellas pierden todo brillo.

En el capítulo 26, Job le pregunta a Bildad cómo alguien puede aconsejar al que se encuentra privado de conocimiento. A continuación afirma el poder del Señor a través de imágenes típicas de la cosmología del tiempo del autor.

En el capítulo 27, Job clama que nunca negará su inocencia, aun cuando Dios haya hecho amarga su vida. No encuentra motivo para reprocharse a sí mismo por su postura. Dado que el malvado solamente suplica al Señor en tiempos de crisis, el Señor no escucha su oración. Aunque tuviera muchos hijos, nadie llorará por su muerte. La casa del hombre rico y sus bienes serán como una pila de polvo. Aunque el hombre malo intenta huir de la tumba, jamás lo conseguirá.

El capítulo 28 es un poema sobre la futilidad de los intentos humanos por alcanzar la verdadera sabiduría. Los hombres son capaces de abrir huecos y excavar minas en la oscuridad de la tierra para encontrar plata, hierro y piedras preciosas. Conocen cómo detener corrientes de agua para buscar oro, pero no saben cómo obtener la sabiduría. Esta no se encuentra en las profundidades del océano y no la pueden comprar ni el oro, ni la plata o las piedras preciosas. La sabiduría solo la posee Dios, quien conoce hasta los últimos extremos de la tierra, envía los vientos, pone límites a las aguas y manda la lluvia y los truenos. "Respetar al Señor es sabiduría" (cf. v.28) y evitar el mal, es conocimiento.

Lectio divina

Pasa de 8 a 10 minutos en contemplación silenciosa del siguiente pasaje:

La verdadera sabiduría está en el temor del Señor, en la piedad para con él. A la luz del Nuevo Testamento esta es don del Mesías (cf. Is 11:1-3). Cristo, sabiduría de Dios, concede la verdadera sabiduría como don del Espíritu Santo; la sabiduría que el creyente debe saber acoger con humildad y gratitud. La familiaridad con la sabiduría lleva al creyente a ver todo con los ojos de Dios.

✠ ¿Qué más podemos aprender de este pasaje?

Día 4: El sumario final de Job sobre su causa (Job 29—31)

Job recuerda los días en que Dios caminaba con él y era para él como una lámpara iluminando su camino a través de la oscuridad. Él prosperaba bajo el amparo del Todopoderoso, con sus hijos a su alrededor y alegría en abundancia. A las puertas de la ciudad, los jóvenes le cedían el paso y los ancianos se ponían de pie. Príncipes y altos oficiales permanecían en silencio en su presencia. Ayudaba a los pobres, huérfanos, moribundos, viudas, ciegos y cojos. Los extranjeros recibían un justo juicio y el malvado era obligado a liberar a sus víctimas. Job esperaba vivir larga vida y morir en paz. Corregía a sus contemporáneos como un verdadero líder, viviendo como un rey entre su ejército y como uno que conforta a los que lloran.

En el capítulo 30, Job se lamenta por los hijos del impío. Aunque tengan espaldas fuertes, estos son expulsados de la comunidad y se apiñan en lugares desiertos, en cañadas y cuevas, alimentándose de lo que encuentran. Ahora él se siente como uno de ellos, sujeto a las canciones vulgares de los malvados, despreciado y escupido. Se encuentra muy deprimido, lleno de dolor, debilitado y abandonado por el Señor. Job acusa a Dios de ser quien lo atormenta, llevándole a las puertas de la muerte. Recordando sus ayudas a los pobres, esperaba obtener alguna recompensa, pero por el contrario solo recibe dolor y sufrimientos.

En el capítulo 31, Job reta al Señor a que lo pese en la balanza de la justicia para que vea su inocencia. Añade que si se le encuentra alguna culpa, entonces que su cosecha pase a manos de otro. Si sus ojos hubiesen deseado a la mujer del prójimo, ciertamente merecería el castigo. Por cualquier pecado que hubiese cometido, merecería ser enviado al valle de la destrucción. Y así sigue enumerando un pecado tras otro. Quiere saber lo que el acusador tendría que decir contra él. Deseando que alguien se ocupe de su caso, Job invoca al Señor pidiéndole que le responda. Al final de este pasaje, encontramos esta sentencia: "Fin de las palabras de Job" (v.40).

Lectio divina

Pasa de 8 a 10 minutos en contemplación silenciosa del siguiente pasaje:

Job recordaba el tiempo en que sentía la presencia cercana del Señor, tiempo en que el Señor iluminaba su camino. Hay momentos en la oración en que hacemos una sentida experiencia de la cercanía de Dios. Pero hay también momentos en nuestro camino de fe, en que la oración se nos hace pesada, árida y Dios nos parece lejano. La perseverancia humilde y confiada en la búsqueda de Dios en esos momentos es fuente de innumerables bendiciones y fortalecimiento de la fe.

✠ ¿Qué más podemos aprender de este pasaje?

Día 5: Los discursos de Elihú (Job 32—37)

Al darse cuenta de que Job no cambiaba de parecer sobre su inocencia, sus tres amigos ya no le dirigen la palabra. Es entonces cuando un joven de nombre Elihú, el cual por ser el más joven se había quedado en silencio hasta aquel momento, se enoja con Job por sus insistencia en declararse inocente ante Dios y se enoja también con los otros tres amigos por no encontrar un buen argumento para condenar a Job. A continuación afirma que la sabiduría no viene con la edad, sino de Dios, y declara haber escuchado con atención la argumentación fracasada de los tres amigos de Job.

El joven se jacta de que no habría respondido a Job de modo pusilánime como sus tres amigos. Elihú está henchido de palabras como un odre nuevo que el vino está por reventar. Espera encontrar alivio al contestar a Job, afirmando que no muestra parcialidad ni adulación a nadie. El Señor lo heriría de muerte si hablara de aquella manera.

En el capítulo 33, Elihú se acerca a Job como un amigo, como otro ser humano a quien Job no tiene por qué temer. Recordando la obstinada postura de Job en afirmar su inocencia y su lamento de que el Señor nunca le responde, Elihú ve su rol casi como una mediación entre Job y Dios. Le dice a Job que Dios suele hablar a las personas en sueños y visiones nocturnas, inspirándoles sabiduría e instrucción, evitando que se vuelvan soberbios y amonestándoles sobre los castigos del pecado. Si Dios así lo desea, él puede castigar a una persona con el dolor o la enfermedad. En aquellas circunstancias, el Señor puede enviar a un mensajero para que lo fortalezca. Como los otros tres amigos de Job, Elihú afirma que el Señor responde a la plegaria de la persona que se arrepiente y procura enmendarse de su anterior vida. Si Job no tiene nada que decir, que guarde silencio y deje a Elihú que le enseñe la sabiduría.

En el capítulo 34, Elihú habla a los amigos de Job. Se dirige a ellos como sabios, con respeto por su edad, diciéndoles que como el oído y el paladar escogen lo que el bueno, así también ellos escogen lo que el bueno y correcto. Elihú acusa a Job de blasfemia por estar tan seguro de su inocencia y dice que es compañero de los malvados. Reta a Job en su afirmación de que no hay beneficio en agradar a Dios; el Todopoderoso no puede hacer el mal. Dios que gobierna el mundo y todo lo mantiene en existencia, no puede obrar de forma perversa. Si Dios quiere, puede hacer volver al polvo a quien quiera que sea. Todos los seres humanos están destinados a morir. Job carece de conocimiento y merece un castigo por obstinarse en su postura. El capítulo 35 sigue la misma línea de pensamiento. Dios ayudará a los que esperan su ayuda pacientemente.

En el capítulo 36, Elihú sigue instruyendo a Job sobre Dios. Aquel que escucha a Dios y se arrepiente de sus pecados, prospera; pero el que obra contrariamente, perecerá en su ignorancia. Dios intenta convencer al malvado para que se arrepienta y obtenga una vida gloriosa; pero los que se rehúsan a abandonar su ira, como Job, optan por el mal. Todo lo que Dios quiere, lo hace. En el capítulo 37, Elihú habla del inmenso poder de Dios sobre la naturaleza, por el cual la gente teme a Dios. Dios no teme a los sabios.

Lectio divina

Pasa de 8 a 10 minutos en contemplación silenciosa del siguiente pasaje:

Job podría aceptar la imagen que Elihú le presenta de un Dios terrible y todopoderoso. Pero, como había conocido a un Dios piadoso y compasivo, se siente confundido. Y se pregunta: ¿por qué Dios me sigue castigando? Así es como interpreta su sufrimiento. Todo coopera para el bien para los que aman a Dios, dirá Pablo (cf. Rom 8:28). Pero este será el punto de llegada con la revelación del Nuevo Testamento. Solamente en Jesús crucificado y resucitado el misterio del sufrimiento recibirá una nueva luz y encontrará algún sentido, si bien nunca dejará de ser un misterio.

✠ ¿Qué más podemos aprender de este pasaje?

Día 6: El Señor y Job se encuentran (Job 38—42)

En este momento de la narración tiene lugar una impresionante manifestación de Dios que le habla a Job en primera persona. Con imágenes típicas de las teofanías del Antiguo Testamento, el autor da la palabra al Señor. Dios empieza preguntando a Job sobre la perfección y sabiduría de la naturaleza que lo circunda y le pregunta si es capaz de explicarla. Esta sección ayuda a Job a darse cuenta de cuál es su lugar en el gran panorama de la creación de Dios.

A continuación, en el capítulo 39, Dios le pregunta a Job sobre los hábitos de los animales. Dios afirma la superioridad del hombre en relación con los animales, los cuales carecen de conocimiento. Y a la luz de la grandeza de todo lo creado, Dios le pregunta a Job si aún desea discutir con el Todopoderoso (capítulo 40). Sobrecogido ante las palabras de Dios, Job no tiene más respuesta que taparse la boca y afirma ya haber hablado demasiado. El Señor lo reprende preguntándole si es capaz de condenar al Señor con tal de afirmar su inocencia. Lo invita con ironía a vestirse con la grandeza y majestad que pertenecen solo a Dios y si lo puede hacer, entonces el Señor lo alabará y reconocerá su poder. A continuación el Señor lo invita a pensar en "behemot", un monstruo de las aguas que Dios ha creado (al parecer se refiere al hipopótamo). Se alimenta de la hierba y a la vez posee músculos fortísimos como el cedro. Solamente Dios puede acercársele sin llevar una espada en la mano. ¿Quién puede controlar al leviatán?, continúa el Señor (quizás se refiere al cocodrilo). Aquellos que lo han enfrentado en las aguas conocen su fuerza.

Todo bajo el cielo pertenece al Señor, el cual es soberano sobre todo lo creado y todas las bestias salvajes se le someten (capítulo 41). Job entonces le habla al Señor (capítulo 42). En sus palabras afirma su fe de que el Señor es el creador de todas las cosas y que nadie puede escapar a sus planes. Job admite que ha hablado sin haber comprendido misterios que le sobrepasan.

Afirma haber oído al Señor en el pasado, pero ahora lo ha visto y se arrepiente de lo que ha dicho (cf. 42:5-6).

En el epílogo del libro (Job 42:7-16), el Señor manifiesta su descontento con los tres amigos de Job, por el modo cómo habían hablado de él y pide sacrificios de expiación. Estos hacen conforme a lo indicado por el Señor y Job intercede por ellos. Los hermanos y hermanas de Job, y sus antiguos conocidos vinieron y cenaron con él. Cada uno le regaló una suma de dinero y un anillo de oro. El Señor bendijo los últimos días de Job más que los anteriores. La fortuna de Job acumuló 14,000 ovejas, 6,000 camellos, 1,000 yuntas de bueyes y 1000 asnas. Tuvo siete hijos y tres hermosas hijas, como no hubo en el oriente. Job vivió 140 años y conoció a sus nietos y bisnietos, y murió anciano, después de vivir una vida plena.

Lectio divina

Pasa de 8 a 10 minutos en contemplación silenciosa del siguiente pasaje:

El final del libro de Job es una fuerte llamada a la humildad y a la confianza en el Dios fiel. No todo lo que nos sucede en la vida puede tener una explicación. Pero, para el que cree y para el que confía en Dios, todo tendrá un valor y un sentido, e incluso del sufrimiento y de la pérdida más atroz el Señor nos ayudará a sacar un bien para nuestras vidas. En todo y siempre debemos buscar refugio y consuelo en Dios.

✠ ¿Qué más podemos aprender de este pasaje?

Preguntas de repaso

1. ¿Cuál es el tema común en los discursos de los tres amigos de Job?
2. ¿Cuál es el dilema de Job?
3. ¿Cómo trata Dios a Job al manifestársele?
4. ¿Cuál es la respuesta de Job al Señor?

El libro de los Salmos I

SALMOS 1—72

Bondad y amor me acompañarán todos los días de mi vida, y habitaré en la casa de Yahvé un sinfín de días (Sal 23:6)

Oración inicial (ver página 14)

Contexto

Parte 1: salmos 1—6 El libro de los Salmos o Salterio consiste en 150 composiciones en forma de cánticos y oraciones, de carácter personal o comunitario. El libro está estructurado en cinco grandes colecciones (1–41, 42–72, 73–89, 90–106, y 107–150), cada una de las cuales se concluye con una doxología o formula de alabanza a Dios. La presente lección abarca las dos primeras colecciones del Salterio (1–41 y 42–72). Aunque estos salmos son atribuidos a David, no se sabe con seguridad cuántos de ellos realmente podrían ser de origen davídico. Muchos de ellos, aunque puedan tener relación con episodios de la vida del piadoso rey, presentan elementos que indican con bastante seguridad que no pueden ser del tiempo del rey. Muchas de las añadiduras que encontramos en los salmos, se refieren a la paternidad de los mismos o dan indicaciones de cómo estos deberían ser cantados por la comunidad litúrgica. Debido a la amplitud del texto de los Salmos, la presente guía de estudio podrá ofrecer solamente una breve descripción de los mismos (sin poderlos explicar cada versículo por separado). El salmo 1 sirve de prefacio a todo el Salterio. El salmo 2 es una pieza para la coronación real y los salmos 3-6 son oraciones de confianza en Dios.

Parte 2: salmos 7—72 Aunque el Salterio esté estructurado en cinco colecciones, los salmos de cada una no siempre están relacionados entre sí desde el punto de vista temático. Lo más seguro es que cada uno haya tenido un origen independiente, siendo luego incorporados a la colección como la encontramos hoy. Aunque emparentados en muchos casos desde el punto de vista de la forma literaria –salmo penitencial, de súplica, de alabanza, histórico, etc.–, cada pieza es en realidad independiente. Los salmos 1–72 constituyen los libros 1 y 2 del Salterio.

PARTE 1: ESTUDIO EN GRUPO (SALMOS 1—6)

Leer en voz alta los salmos 1—6.

1—6 Ayuda en la aflicción

El salmo 1 es un salmo sapiencial de origen post exílico, que presenta un resumen del mensaje de todo el Salterio. El salmo hace un contraste entre la vida y recompensa del bueno con la vida y recompensa del malo; compara la suerte de los que siguen la palabra de Dios y la de los que no. El fiel que no trilla los caminos del malvado ni se mezcla con los pecadores, encontrará alegría en la ley de Dios y prosperará como un árbol plantado junto al agua, dará frutos en su sazón y su follaje no se marchitará.

El salmo 2 es un salmo real para la coronación de un rey o para ser utilizado con ocasión de su aniversario de entronización. El mensaje subyacente a los salmos reales en el Salterio es que el rey debe gobernar con autoridad, pero a la vez como un pastor a su rebaño.

El salmo 3 es el lamento de un individuo que confía en que Dios lo salvará, sin importarle las veces que los enemigos hayan repetido que no hay salvación en Dios. Muchos salmos pertenecen a esta forma literaria y pueden ser también de carácter comunitario. El salmo de lamento empieza con una expresión del salmista o de la comunidad sobre la triste situación individual o colectiva y termina con una oración de alabanza a Dios. El Señor protege al rey y al pueblo fiel, librándolos de sus aflicciones. El salmo insiste en la confianza en Dios, en la certeza de que Dios escucha las suplicas del que lo invoca y lo protege, permitiéndole dormir y despertar en paz.

El salmo 4 es un lamento individual en el cual el orante pide al Señor misericordia y que escuche su oración. Habla del Señor como un Dios que salva y se duele por los duros de corazón y que van detrás de cosas sin valor. El Señor obra maravillas por aquellos que le son fieles y escucha su oración. El que confía en el Señor se acuesta y se levanta en paz.

El salmo 5 es el lamento de uno que busca confiado la ayuda de Dios. Es un canto de esperanza. El Señor no se complace en el mal y no será refugio para los impíos. El salmista expresa reverencia para con Dios en el Templo. Compara la boca de los malvados con un sepulcro abierto, lleno de corrupción y mentiras. Pide al Señor que sus engaños sean su misma destrucción.

El salmo 6 es un lamento individual y a la vez el primero de los siete salmos penitenciales que encontramos en el Salterio (6, 32, 38, 51, 102, 130, y 143), los cuales se caracterizan por el tema del pecado, el arrepentimiento y la conversión. El orante manifiesta su dolor en el sufrimiento por su pecado, pide a Dios que lo perdone en su debilidad y manifiesta la certeza de que Dios escucha su súplica.

Preguntas de repaso

1. ¿Cuál es el mensaje del salmo 1?
2. ¿De qué forma ayuda la confianza en Dios al orante del salmo 4?
3. ¿Qué dice el salmo 5 sobre nuestra relación personal con Dios?

Oración final (ver página 15)

Hacer la oración final ahora o después de la *Lectio divina*.

Lectio divina (ver página 8)

Relaja tu cuerpo y mantén una postura de oración –espalda recta, ojos cerrados, pies en el piso–. Puedes tomar todo el tiempo que desees para hacer este ejercicio; sin embargo, para los fines de este Estudio Bíblico, de 10 a 20 minutos es suficiente.

Las meditaciones que se ofrecen a continuación tienen como fin ayudar a los participantes a familiarizarse con esta forma de oración; sin embargo, se debe tener en cuenta que la *Lectio divina* trata de llevar a la persona a la contemplación orante, esto es, a una contemplación más profunda donde la Palabra de Dios le habla al corazón. Para llegar a esto último, puede necesitarse más tiempo. Si deseas más información, ve a la página 8.

Salmos 1—6

El salmista compara al que camina confiando en la Ley del Señor con un árbol plantado a la orilla de un torrente. Un mensaje predominante en los primeros seis salmos del Salterio es la indefectible ayuda de Dios a aquellos que confían en él. Estos encuentran la paz, independientemente de lo que les pueda suceder.

✠ Qué más podemos aprender de este pasaje?

PARTE 2: ESTUDIO INDIVIDUAL (SALMOS 7—72)

Día 1: El primer libro de los Salmos, continuación (salmos 7—24)

El salmo 7 es un lamento individual que dirige una persona acusada injustamente. Convencido de que no había pecado, el salmista pide al Señor que juzgue su rectitud y ponga fin a la maldad del perverso. Refiriéndose al Señor como juez justo y poderoso, el orante habla de Dios como un escudo que defiende al justo y castiga la impiedad y concluye con una acción de gracias: "Doy gracias a Yahvé por su justicia, tañeré para el nombre del Altísimo".

El salmo 8 canta la grandeza de Dios Creador y alaba la dignidad del ser humano en la creación. El salmista, admirado por la majestad del Señor en la inmensidad del universo, se maravilla de que el hombre ocupe tal lugar en la obra de Dios. Dios ha coronado al ser humano de gloria y honor.

Los salmos 9 y 10 son salmos de acción de gracias. En el texto hebreo, estos salmos constituyen una composición única. Cada verso del mismo empieza con una letra del alfabeto hebreo. Dicha forma de expresión se llama "acróstica" y es utilizada también en otros salmos y composiciones bíblicas. En nuestras traducciones no es posible evidenciarla, por la diferencia lingüística. Además, con el fin de seguir el orden alfabético, el autor muchas veces tiene que emplear vocablos menos comunes, los cuales no son siempre fáciles de traducir. Esto justifica la diversidad que podemos encontrar en las traducciones de este tipo de composiciones.

Un salmo de acción de gracias empieza con la exposición de la dificultad por la que atraviesa el salmista y se concluye con un reconocimiento al Señor por haber atendido a la súplica. En el salmo 9, el salmista empieza recordando las maravillas que obra el Señor, que reina y juzga a las naciones. Él es el alcázar del oprimido y no abandona a los que le buscan. Pide misericordia y afirma la acción de Dios en favor de la justicia. En el salmo 10, el orante habla de la actitud de los insolentes y soberbios, que oprimen al justo y pide al Señor, que reina eternamente, que actúe en favor del necesitado.

El salmo 11 es una oración de confianza. Aunque muchos huyen a las montañas buscando refugio contra el enemigo, el salmista busca refugio en Dios. El Dios justo ve todo. Él ama la justicia y estará de parte del que confía en él. Castigará al malvado, pero el justo verá la faz del Señor.

El salmo 12 es un lamento individual en el cual el orante, constatando que desaparece la lealtad y la sinceridad entre los hombres, pide a Dios que lo salve. Recrimina a los que hacen de su lengua instrumento de engaño y mentira, y oprimen al humilde. El Señor se levantará para defender al humilde y lo pondrá a salvo. El salmo se concluye con una alabanza a la Palabra de Dios.

El salmo 13 es un lamento individual en el cual el orante manifiesta sentirse abandonado por el Señor. Siente que este le ha ocultado su rostro y que el enemigo prevalece sobre él. Dios es la "luz de sus ojos". Concluye afirmando la lealtad de Dios, la certeza y alegría de su salvación.

El salmo 14 es un lamento individual que compara los hechos del necio con los del sabio que confía en Dios. Su mensaje se asemeja al del salmo 53. Las obras del necio están corrompidas, pues rechazan a Dios. Aspira a destruir la esperanza del pobre, pero el pobre tiene a Dios como su protector. El orante pide que la salvación venga de Sion (Jerusalén), donde se encuentra el templo de Dios.

El salmo 15 es un himno litúrgico que habla de las disposiciones que deben tener quienes desean entrar a la presencia Dios. Algunos salmos eran cantados en comunidad. Este salmo se asemeja al salmo 24. Quien desea entrar en la presencia de Dios debe ser recto en su conducta, sincero, respetuoso del prójimo, honesto y justo.

El salmo 16 es una profesión de confianza en el Señor, el cual se complace en los santos. El impío que va detrás de los falsos dioses, tendrá su castigo. El orante dice que el Señor es su heredad. Él bendecirá a sus fieles con larga vida.

El salmo 17 es el lamento de una persona injustamente atacada. El salmista pide con confianza que se haga justicia, sabiendo que el Señor, que lo ve todo, lo ha justificado: que sea el Señor quien lo defienda del enemigo injusto. Por su inocencia, el orante verá la faz del Señor.

El salmo 18 es un salmo real de acción de gracias por la victoria sobre un enemigo. Su contenido es prácticamente igual al canto de David que encontramos en 2 Sam 22, proferido después de que el Señor lo hubiera librado de las manos de Saúl y los demás que lo oprimían. Valiéndose de imágenes cósmicas, el salmista describe la manifestación del poder del Señor en respuesta a la oración de David. Ante todas las naciones el Señor ungió a David como rey, prometiéndole éxito y misericordia tanto a él como a sus descendientes.

El salmo 19 alaba al Dios creador. Dicha alabanza se compone de dos partes. En la primera (vv. 2-7) el salmista afirma, ponderando la magnificencia de los cielos y en ellos la del sol, la grandeza de Dios. Estas criaturas, aun sin palabras, proclaman dicha grandeza. En la segunda parte (vv. 8-15), el orante alaba la Ley del Señor, la cual es perfecta, hace revivir, es fiable, instruye al ignorante e ilumina el camino. Observarla trae una gran recompensa.

El salmo 20 es una oración litúrgica en la que se pide por el triunfo de un rey en batalla. El pueblo pide al Señor que escuche su oración y lo defienda. Mientras muchos reyes confían en el número y poder de su ejército, Israel confía en el Señor, que concede la victoria a sus fieles.

El salmo 21 es un himno litúrgico que sigue la misma temática del salmo 20. El Señor bendijo al rey, poniendo una diadema de oro en su cabeza. Al pedir la vida, el Señor le ha dado largos años. El Señor que combate de su parte le dará la victoria sobre sus enemigos. Entonces sus fieles elevarán un canto en honor del Señor.

El salmo 22 empieza con un lamento y se concluye con una alabanza a Dios por haber liberado a su pueblo de la opresión. El versículo 2 es pronunciado por

Jesús en la cruz (cf. Mc 15:34). Otras partes del salmo evocan el desarrollo de la pasión de nuestro Señor. Los versículos 17-18 que hablan del sufrimiento que el orante ha tenido que soportar, se aplican de forma impresionante a Jesús sufriente. El v.19, "reparten entre sí mi ropa y se echan a suertes mi túnica" fue vista por los evangelistas como parte de la suerte de Jesús (cf. Mt 27:35; Mc 15:24; Lc 19:24). Algunos comentaristas creen que Jesús rezaba este salmo en su crucifixión no solamente para expresar su estado de abandono y soledad en la cruz, sino también, dada la conclusión positiva del salmo, para manifestar su certeza en la victoria de la resurrección y para enseñar a las generaciones futuras cómo actúa el Señor.

El salmo 23, quizás el más conocido de todo el Salterio, es una oración de confianza en el Señor, que conduce a su pueblo como un pastor a su rebaño. Su presencia, aunque a veces silenciosa en los momentos de oscuridad, da seguridad al caminar. Con expresiones típicas de la hospitalidad oriental, el orante manifiesta su certeza en que algún día participará en la mesa del Señor, esto es, que será contado entre sus amigos por haber confiado en él.

El salmo 24 es un himno procesional utilizado para el ingreso en el templo. Al parecer, describe una antigua procesión con el Arca de la alianza y su reingreso en el Templo. Aquel que tiene manos puras y corazón inocente, que rechaza la vanidad, es apto para participar en la asamblea litúrgica. El arca es señal de la presencia de Dios en el santuario.

Lectio divina

Pasa de 8 a 10 minutos en contemplación silenciosa del siguiente pasaje:

El salmista escribe en el salmo 23: "Aunque fuera por valle tenebroso, ningún mal temería, pues tú vienes conmigo" (v. 4). Muchas personas, en momentos de dificultad particularmente difíciles, dicen encontrar gran consuelo en estas palabras. La fe en la cercanía de Dios en todos los momentos de nuestra vida es fuente de inmensa paz y consuelo.

✠ ¿Qué más podemos aprender de este pasaje?

Día 2: El final del primer libro de los Salmos (salmos 25—41)

El salmo 25 es una súplica individual. La composición se presenta como un conjunto de sentencias que afirman la fe tradicional de forma acróstica. En ella encontramos el tema de la confianza, la fidelidad y la compasión de Dios así como de la alianza. Todos estos temas están tejidos con una confesión de pecado (vv.6-7.11). Sobresale la súplica del orante para que Dios le muestre sus caminos.

El salmo 26 es el lamento de una persona falsamente acusada. El orante invoca al Dios justo, único juez verdadero y ante él afirma su inocencia, haciendo a Dios testigo de ellos. Su oración concluye con una súplica a la misericordia de Dios y un renovado deseo de fidelidad.

El salmo 27 es un salmo de confianza en el cual el salmista proclama al Señor como su luz y salvación, el refugio de su vida, él que lo libera de todos sus temores. El orante anhela habitar en la casa del Señor y experimentar la bondad de Dios mientras viva.

El salmo 28 tiene la forma de un lamento individual, pero posee también trazos del salmo de súplica. La composición tiene dos partes fácilmente reconocibles. En la primera (vv.1-5), el orante, aun sin explicitar su necesidad, suplica al Señor que preste oídos a su oración. En la segunda (vv.6-9), el salmista bendice efusivamente al Señor por haber escuchado su oración.

El salmo 29 es un himno de alabanza a Dios. El orante empieza invocando a los "hijos de Dios" para que glorifiquen al Señor en su santo templo. La expresión "hijos de Dios" es una referencia a la corte celestial que circunda al trono de Dios. Con términos que evocan antiguas concepciones cosmológicas, que encontramos por ejemplo en Gn 1:6-8, el orante describe a Dios como un rey sentado sobre su trono, que domina las fuerzas cósmicas.

El salmo 30 es un salmo individual de acción de gracias. En él, el salmista agradece al Señor por haber respondido a su oración, salvándolo de sus enemigos y librándolo de la muerte. Afirmando a Dios como Señor de la vida y de la muerte, desde su fe todavía privada de la verdad de la vida eterna, el orante "recuerda" a Dios que los muertos no lo pueden alabar. Alaba al Señor por haberle liberado de la muerte y promete alabarlo y estarle agradecido para siempre.

El salmo 31 es un lamento individual y una oración de acción de gracias al Señor por haber liberado al salmista de sus aflicciones. En su oración se entrega a las manos de Dios del v.6 y Jesús retoma esas palabras en la cruz (cf. Lc 23:46). Consciente de que su destino está en las manos de Dios, suplica al Señor que lo mire con benevolencia y lo salve. El Señor es la esperanza de sus fieles.

El salmo 32, que es el segundo de los salmos penitenciales, es también una oración de acción de gracias. En él, el salmista declara dichosos a los que el Señor perdona sus pecados. El Señor es su escudo y los protege del "diluvio" de sus aflicciones. Instruye a sus coterráneos israelitas a no ser duros de cabeza, como mulos que necesitan de cabestro para mantenerse en el camino correcto y urge al justo a regocijarse en el Señor.

El salmo 33 es una salmo de alabanza al Señor, creador y conservador del mundo. La palabra del Señor creó los cielos y todo su ejército (las estrellas) y puso límites en las aguas del océano. El salmo evoca el primer relato de la creación que encontramos en Gn 1:1-31, el cual entre otras cosas, subraya el poder de la palabra de Dios. Los ojos del Señor están siempre fijos en sus fieles, para librarlos de la muerte y socorrerlos en tiempos de hambre (v. 19).

El salmo 34 es un salmo de acción de gracias compuesto de forma acróstica. En él, el salmista invita al humilde a unirse a su alabanza a Dios y al pueblo a experimentar la bondad del Señor. Las aflicciones del justo pueden ser muchas, pero de todas ellas el Señor lo libra. El mal trae la muerte al malvado y los que odian al justo serán condenados.

El salmo 35 es un lamento de alguien que ha sido traicionado por sus amigos. Al Señor su salvador, pide que derrote a lo que planean el mal contra él. No obstante su bondad hacia los que amaba como familiares, estos se regocijaron cuando cayó y los calumniaron sin cesar. Pide al Señor que se vengue por él. A todos lo que lo apoyan, les invita a unirse en su alabanza a Dios.

El salmo 36 es el lamento de una persona perseguida y que no obstante eso permanece fiel a la Alianza. El salmista habla de la necedad del malvado que piensa que Dios no ve su culpa. Alaba la inmensa misericordia, fidelidad y justicia de Dios, que provee refugio al afligido. Describe las bendiciones que reciben los fieles y pide a Dios que haga justicia contra los malhechores.

El salmo 37 es un salmo sapiencial en estilo acróstico. Este presenta una serie de breves máximas que buscan responder a la pregunta, "¿por qué el malvado prospera y el justo sufre?". El lector encontrará varias semejanzas entre los dichos de este salmo y las Bienaventuranzas que encontramos en el Evangelio (cf. Mt 5:3-12). Los israelitas que confían en el Señor y obran el bien están llamados a vivir seguros y en prosperidad en la Tierra Prometida. La herencia de los justos durará para siempre.

El salmo 38 es el tercer salmo penitencial del Salterio y a la vez un salmo de lamentación de uno que se encuentra enfermo, se siente pecador y es maltratado. El orante se lamenta por sus sufrimientos físicos y psíquicos. Se duele por sus culpas y pecados, mientras encuentra que sus enemigos crecen y se multiplican, pagándole mal por bien. Pide al Señor que no se olvide de él y que venga pronto en su ayuda.

El salmo 39 es la lamentación de uno que se encuentra gravemente enfermo. El orante se encuentra escéptico ante la vida, considerando a los seres humanos como fantasmas que corren en vano, acumulando bienes que nadie usará. Reconociendo que el Señor es su esperanza, pide la liberación de sus pecados y de sus enemigos, y la gracia de sonreír de nuevo antes de dejar esta vida.

El salmo 40 es un lamento individual y un salmo de acción de gracias. El salmista agradece a Dios por haber dado oídos a su súplica y haberlo sacado del lodazal de la destrucción, poniéndole en un lugar seguro. En el Templo, él canta la lealtad, el poder salvador, la misericordia y la fidelidad del Señor. Abrumado por sus debilidades y numerosos pecados, pide al Señor que venga pronto en su auxilio y castigue a los que buscan exterminarlo.

El salmo 41 es un salmo de acción de gracias de uno que se recuperó de una grave enfermedad. El orante reconoce que el Señor cuidó de él con cariño. Hasta su mejor amigo, en quien confiaba, que compartía su pan, le había traicionado (v. 10). Dicho versículo recuerda a los cristianos la traición de Judas. Conforme a la piedad de su tiempo, pide misericordia a Dios para vengarse de sus enemigos. Concluye su salmo con esta doxología, que a la vez concluye la primera colección de los Salmos de David (salmos 3–41): *¡Bendito sea Yahvé, Dios de Israel, desde siempre y hasta siempre! ¡Amén! ¡Amén!* (v. 14).

Lectio divina

Pasa de 8 a 10 minutos en contemplación silenciosa del siguiente pasaje:

En el salmo 27:13, el salmista decía estar seguro de ver la bondad del Señor en el país de la vida. La persona santa desarrolla una especial sensibilidad a la presencia de Dios y a su acción en la creación y en su vida. Por eso en las bienaventuranzas, Jesús proclama dichosos a los que tienen un corazón puro, porque ellos verán a Dios ya en esta vida, con los ojos de la fe (cf. Mt 5:8).

✠ ¿Qué más podemos aprender de este pasaje?

Día 3: El inicio del segundo libro de los Salmos (salmos 42—51)

Los salmos 42 y 43 formaban originariamente un solo salmo. De hecho, una frase idéntica une 42:6 y 42:12 con 43:5. Estos salmos constituyen un lamento individual, en el que el orante manifiesta su anhelo por estar en la presencia del Señor. Tiene sed de Dios como la cierva que anhela las fuentes de aguas frescas. Al parecer, se trata de una persona del círculo sacerdotal, quizás un levita. El salmista añora volver a entrar en el Templo al sonido de los cánticos de la comunidad en fiesta. Esto parece indicar que se encuentra de alguna forma alejado del Templo. En medio de su tristeza, sacando fuerzas de su fe, renueva su esperanza en que volverá a alabar al Señor, su salvador. Su lamento se centra en la opresión a la que lo someten sus adversarios. Suplica al Señor con intensidad que le haga justicia.

El salmo 44 es un lamento comunitario. Inicia evocando las historias de los favores del Señor a los antepasados de su pueblo, transmitidas de una generación a otra, sobre todo en torno a la gran liberación de Egipto y la toma de posesión de la Tierra Prometida. El salmo reconoce que las victorias del pueblo han sido gracias al poder de Dios y no a la fuerza de sus armas. A continuación, la comunidad, que se encuentra en una situación de desgracia (al parecer después de una derrota militar), se pregunta por qué el Señor la habría abandonado, entregándola al enemigo, es decir, hace una interpretación religiosa de la derrota. El salmo se concluye con una súplica al Señor, pidiendo que en su misericordia venga en ayuda de su pueblo.

El salmo 45 es un salmo para un matrimonio real entre un rey del linaje davídico y una princesa extranjera. El salmista alaba los atributos del rey, el cual es de bello aspecto, cortés en el hablar y gran guerrero. El rey lucha por la verdad, la paz y la justicia. Dado que es el Señor el verdadero rey de Israel, el rey de la nación es visto como un representante visible del Señor. A continuación el salmista instruye a la esposa del rey a que olvide su pueblo y su casa paterna, pues ahora será reconocida como reina, haciéndose consorte de un rey cuyo nombre durará por siempre (por ser del linaje de David).

El salmo 46 habla de la presencia de Dios en el Templo protegiendo a su pueblo. El salmista habla de un río que trae alegría a la ciudad de Dios, Jerusalén. Aunque de hecho Jerusalén no tenga un río atravesándole, la presencia de Dios en su medio –en el Templo– trae consuelo a los que en ella habitan, sin importar que tengan que pasar por situaciones difíciles. El orante invita al pueblo a ser testigo de las obras del Señor, el cual pone fin a las guerras en toda la tierra. Y concluye con esta exultante exclamación: "¡Con nosotros Yahvé Sebaot, nuestro baluarte el Dios de Jacob!" (v.12).

El salmo 47 habla del Señor como soberano sobre todas las naciones. El salmista proclama al Dios de Israel como rey de toda la tierra, no solo de Israel. El salmo parece ser una composición litúrgica para una celebración de entronización del Dios de Israel, cargada de alegres expresiones de alabanza.

El salmo 48 alaba a la ciudad de Jerusalén, la ciudad de Dios. El orante canta al Señor presente en medio de su pueblo en el monte sagrado, en el Templo. Jerusalén es la ciudad del gran rey. Los reyes de otras naciones huyen de temor ante el Señor y el pueblo de Judá se regocija en el poder y la justicia de su Dios. El salmista invita al pueblo a acudir al monte Sion y maravillarse con sus torres, símbolo de la fuerza de Dios, y a trasmitir el poder de Dios a las futuras generaciones.

El salmo 49 habla de la futilidad de las riquezas. El salmista afirma que con ellas nadie puede conseguir su regreso a la vida. Tanto el sabio como el necio mueren, dejando sus riquezas a otros. Aquellos que ponen su confianza en sí mismos, morirán; pero al justo, el Señor le rescatará su vida.

El salmo 50 expone el verdadero culto a Dios. El salmista declara que el Señor realmente no tiene necesidad de todos los sacrificios que se ofrecían en el culto antiguo, pues todos los animales de la tierra le pertenecían. Si el pueblo ofrece la alabanza como su sacrificio y la fidelidad a los votos de la alianza, el Señor los salvará. El Señor rechaza a los que lo olvidan.

El salmo 51 es una sentida súplica por la misericordia de Dios. Este es el cuarto y quizás el más conocido de los salmos penitenciales. El orante suplica al Señor que lo purifique de todas sus culpas, seguro de que así quedará realmente limpio: "lávame hasta blanquear más que la nieve" (v. 9). Consciente de que el Señor se complace más con el corazón contrito que con innumerables sacrificios rituales sin arrepentimiento de corazón, el salmista pide a Dios que cree en él un corazón puro y así también podrá enseñar sus caminos a los impíos. Suplica al Señor que restaure a Jerusalén para que los sacrificios que le agradan sean de nuevo ofrecidos en su altar.

Lectio divina

Pasa de 8 a 10 minutos en contemplación silenciosa del siguiente pasaje:

En el salmo 49:11, el salmista recuerda la necedad que es vivir para acumular riquezas, cuando al final también el rico muere y no podrá llevarse con él los bienes que reunió. Los bienes que podamos obtener en esta vida son para que los disfrutemos en el temor de Dios y para que los compartamos con nuestros hermanos. A la luz de este salmo, podemos recordar y profundizar en las palabras de Jesús: "Pues, ¿de qué le sirve al hombre haber ganado el mundo entero, si él mismo se pierde o se arruina?" (Lc 9:25).

✠ ¿Qué más podemos aprender de este pasaje?

Día 4: El segundo libro de los Salmos - continuación (salmos 52—61)

El salmo 52 es un lamento individual en el cual el orante pregunta al malvado por qué este ama más el mal que el bien. El Señor destruirá al malvado y protegerá al justo. El salmista se alegra con el justo, el cual prospera como un olivo frondoso plantado en la casa de Dios.

El salmo 53, semejante al salmo 14, es un lamento sobre la corrupción de los necios. Grave expresión de su necedad es negar la existencia de Dios, lo cual parece autorizarles a todo tipo de corrupción en el obrar. Algunas expresiones del salmo evocan ideas de la profecía de Ezequiel (compara Ezequiel 39 con el salmo 53:6). El orante concluye suplicando que la salvación de Israel venga desde Sion (Jerusalén).

El salmo 54 es una súplica de socorro al Señor. El salmista promete ofrecer un generoso sacrificio a Dios una vez que lo ayude, salvándole de la mano de los enemigos que lo rodean.

El salmo 55 es el lamento de una persona calumniada y traicionada por un amigo cercano. El salmista pide al Señor que lo defienda y haga justicia contra sus enemigos. Su amigo ha roto la Alianza. Valiéndose de palabras amables, su objetivo era matar y destruir. Urge a su amigo a que vuelva a confiar en el Señor, el cual salvará al justo pero castigará al mentiroso.

El salmo 56 es un lamento en el cual el salmista manifiesta su confianza en el Señor. Empieza pidiendo misericordia a Dios, encontrándose en una angustiosa situación, rodeado de enemigos que solo buscan su mal. Profesa su certeza de que el Señor está de su parte. Promete cumplir los votos que ha hecho al Señor, que lo ha socorrido en sus dificultades.

El salmo 57 empieza con una dramática descripción de la turbulencia por la que pasa el orante y se concluye con una oración de acción de gracias. El salmista pide al Señor que lo salve, que lo esconda bajo "la sombra de sus alas" (al parecer, una referencia al Templo como lugar de refugio o bien una evocación de las alas de los dos querubines que estaban sobre la tapa del Arca de la Alianza). Alabará al Señor entre los pueblos. Desea que la gloria del Señor llene toda la tierra.

El salmo 58 es un lamento con el tema del castigo de los gobernantes injustos. El salmista habla de los malvados como siendo corruptos desde el vientre materno, llenos de veneno como una serpiente. Pide a Dios que tome venganza contra los injustos. El honrado se alegrará en el Señor.

El salmo 59 sigue en la misma línea del salmo anterior. En él, el salmista lamenta la insolencia de los malvados cuyos labios están llenos de engaño, mentira y blasfemia. Pide al Señor que sea su escudo y defensa. Dios, que es su fortaleza, es un Dios fiel.

El salmo 60 es otro lamento nacional después de la derrota en una batalla. En la primera parte, los israelitas se lamentan por su derrota, la cual consideran un rechazo de Dios. A continuación, piden al Señor que les ayude a triunfar sobre el enemigo, conscientes de que vale poco la ayuda humana.

El salmo 61 es una súplica de un desterrado. El orante, que se encuentra lejos de Jerusalén y del Templo, pide al Señor que se acuerde de él, que lo hospede en su tienda, que lo ponga bajo el amparo de sus alas. Pide a Dios que prolongue los días del rey y concluye su oración prometiendo alabanza y fidelidad a sus votos.

Lectio divina

Pasa de 8 a 10 minutos en contemplación silenciosa del siguiente pasaje:

El salmista escribe: "Escucha, oh Dios, mi oración, no te retraigas a mi súplica, hazme caso, respóndeme, me trastorna la ansiedad" (Sal 55:2–3). Algunas personas piensan que piden demasiado a Dios. La realidad es que Dios nos hizo necesitados de tantas formas. Dios espera que le pidamos ayuda. Jesús nos asegura que si pedimos con fe y confianza seremos oídos: "Pidan y se les dará; busquen y hallarán; llamen y se les abrirá" (Mt 7:7).

✠ ¿Qué más podemos aprender de este pasaje?

Día 5: El final del segundo libro de los Salmos (salmos 62—72)

El salmo 62 es una salmo de confianza en Dios. El salmista ensalza al Señor como su roca, salvador y refugio, e invita a la confianza en Dios. El pueblo no debe poner su confianza en la riqueza, sino en Dios que retribuye a cada uno según sus obras.

El salmo 63 expresa la cercanía e intimidad del fiel y del Señor. El orante anhela ver al Señor, entronizado en poder y gloria en el santuario (el Templo). El intenso amor del salmista por el Señor se hace sentir en su declaración de que el Señor lo seguirá bendiciendo mientras viva.

El salmo 64 es un lamento individual sobre la traición del enemigo y el castigo de Dios. El malvado planea el mal contra el orante, el cual se aferra a Dios que está de su parte y derrotará a su enemigo.

El salmo 65 es una oración de acción de gracias y una súplica. Aquel que es escogido para habitar en la casa de Dios recibe abundantes bendiciones. El salmista ensalza la bondad y el poder del Señor, subrayando sus maravillosos prodigios en la creación. El Señor provee el agua tan necesaria para los campos y los rebaños.

El salmo 66 es una oración de acción de gracias y de alabanza. La comunidad recuerda los maravillosos hechos de Dios, al abrir paso a su pueblo por el Mar Rojo bajo la guía de Moisés (cf. Éx 14:19–22), y más tarde por el Jordán, bajo Josué (cf. Jos 3:14-17). Dios ha probado a su pueblo como la plata es probada en el fuego.

El salmo 67 es una acción de gracias a Dios por la cosecha. El refrán "¡Que los pueblos te den gracias, oh Dios, que todos los pueblos te den gracias!" es repetido al final de la primera y segunda estrofas. El orante invita a todas las naciones a que alaben al Dios justo, juez de todos. El salmo se concluye con un reconocimiento a Dios por la cosecha recibida, pidiendo la bendición del Señor.

El salmo 68 es un salmo particularmente difícil de traducir. Ha sido trasmitido muy pobremente y parece ser una colección de segmentos de salmos antiguos que se referían a una determinada ceremonia. La composición toma la forma de un himno de victoria, que recuerda a otros de la Escritura como Jueces 5 o Éxodo 15. Evoca la gran liberación de Egipto, la llegada del pueblo al Sinaí en donde Moisés hablaba con Dios cara a cara y la toma de la tierra de Canaán. El salmista describe también una procesión al Templo de Dios e invita a todas las naciones a alabar al Señor todopoderoso, que protege a Israel desde su morada santa.

El salmo 69 es una súplica individual. En la primera parte, el salmista compara su situación a la de una persona que está por ahogarse, con el agua al cuello, símbolo de la angustia y del caos. Siendo insultado por su celo por el Señor, el orante pide que su situación no sea ocasión de vergüenza para los que buscan a Dios. El salmista pide al Señor que rechace las ofrendas de sus enemigos y les castigue por su maldad. Concluye deseando la restauración de Sion y de las ciudades de Judá, donde todos los que aman al Señor habitarán. El v.22 recuerda un episodio de la pasión de Jesús (cf. Mt 27:49; Jn 19:29).

El salmo 70 es una súplica en la que un orante perseguido a muerte pide al Señor verse libre de su enemigo. Su brevedad intensifica el tono de urgencia de la necesidad del orante. La esperada liberación traerá gozo y alabanza. Dios es su auxilio y salvador.

El salmo 71 es el lamento de una persona anciana. En este el orante pide al Señor que no lo abandone en su edad avanzada, cuando muchos planean contra él, creyéndole desprotegido. Pide seguir viviendo para seguir alabando al Señor, que realizó prodigios y lo salvó del caos.

El salmo 72 es una oración por el rey. Quizás no sea un salmo tan antiguo como para atribuirlo a Salomón (como dice la adición). La primera parte es una oración en la que se pide un rey ideal, que gobierne con justicia, que defienda al oprimido, salve al pobre, derrote al opresor y traiga una abundante bendición sobre todos los israelitas.

El editor añade una doxología en los versículos 10 a 20 con la anotación de que con este salmo terminan los "salmos de David". A la vez, con la doxología, se concluye el segundo libro del Salterio.

Lectio divina

Pasa de 8 a 10 minutos en contemplación silenciosa del siguiente pasaje:

Nada satisface más nuestro corazón que el amor de Dios. Bien entendió el salmista esta realidad cuando escribía: "Dios, tú mi Dios, yo te busco, mi ser tiene sed de ti, por ti languidece mi cuerpo, como erial agotado, sin agua" (Sal 63:2). Aquellos que buscan con intensidad el amor de Dios, parecen rebosar alegría en todo lo que hacen.

✠ ¿Qué más podemos aprender de este pasaje?

Preguntas de repaso

1. ¿Por qué es tan popular el salmo 23?
2. ¿Qué dice el salmista en el salmo 42 sobre la añoranza de Dios?
3. ¿Por qué solo algunos salmos contienen una doxología conclusiva?

El libro de los Salmos II

SALMOS 73—150

Escucha, Yahvé, mi oración, llegue mi grito hasta ti; no ocultes de mí tu rostro el día de la angustia; tiende hacia mí tu oído, ¡responde presto el día en que te invoco! (Sal 102:2–3)

Oración inicial (ver página 14)

Contexto

Parte 1: salmos 73—76 El Salmo 73 marca el inicio del tercer libro del Salterio (salmos 73—89). La historia de los israelitas es una historia de destrucción y triunfo, siempre con el Señor como punto de referencia y clave de lectura de los acontecimientos. Los salmos 73 a 76 tratan el tema de las pruebas del pueblo y su perplejidad por la destrucción del Templo. Dios se hace su protector precisamente cuando piensan que los ha abandonado.

Parte 2: salmos 77—150 Estos salmos exploran la confianza que el pueblo pone en Dios como su protector, sus deseos de fidelidad a él en tiempos de dificultad, sus alabanzas litúrgicas al Señor y su deseo de ofrecer continuamente alabanzas a Dios. Esta parte sigue tratando el tercer libro de los Salmos y a la vez incluye el cuarto y quinto libros (salmos 90—106 y salmos 107—150, respectivamente).

PARTE 1: ESTUDIO EN GRUPO (SALMOS 73—76)

Leer en voz alta los salmos 73—76.

Inicio del tercer libro de los Salmos (salmos 73—74)

El salmo 73 abre el tercer libro del Salterio (salmos 73—89). El salmo es una oración de alabanza al Dios bueno y justo. El salmista se encuentra confundido por las penas que tiene que sufrir y la prosperidad del arrogante, no obstante su esfuerzo por evitar el mal. El orante encuentra consuelo y protección en Dios, reconociéndose necio al considerar la solo aparente prosperidad del malvado.

El salmo 74 es un lamento comunitario sobre la destrucción del Templo. En él el orante describe de modo dramático el desarrollo de la conquista y destrucción de Jerusalén por parte de los babilonios y a la vez se hace portavoz de la súplica comunitaria a Dios pidiendo ayuda y socorro. Pide a Dios que muestre ahora su mano fuerte como lo hizo en la gran liberación del Éxodo.

Confianza en Dios (salmos 75—76)

El salmo 75 es un salmo de acción de gracias y alegría, posiblemente un himno litúrgico. El salmista agradece al Señor por ser un juez justo. El justo juicio de Dios vendrá sin duda sobre el malvado, al cual invita a abandonar su vanagloria. Mientras tanto, el justo alaba al Dios de Israel.

El salmo 76 es un himno de alabanza a Sion, la montaña de Jerusalén. El orante alaba a la "tienda de Dios" (el Templo) que está en Sion y al Dios que irá a juzgar y destruir a los malvados. Habla de los príncipes y reyes de las naciones trayendo dones a Dios.

Preguntas de repaso

1. ¿Qué piensa el salmista, en el salmo 73, sobre el orgullo y arrogancia del impío?

2. ¿Por qué siente el salmista necesidad de recordar a Dios sus favores pasados a Israel en el salmo 74?

3. ¿Qué simboliza la "copa en manos del Señor" que aparece en el salmo 75?

Oración final (ver página 15)

Hacer la oración final ahora o después de la *Lectio divina*.

Lectio divina (ver página 8)

Relaja tu cuerpo y mantén una postura de oración –espalda recta, ojos cerrados, pies en el piso–. Puedes tomar todo el tiempo que desees para hacer este ejercicio; sin embargo, para los fines de este Estudio Bíblico, de 10 a 20 minutos es suficiente.

Las meditaciones que se ofrecen a continuación tienen como fin ayudar a los participantes a familiarizarse con esta forma de oración; sin embargo, se debe tener en cuenta que la *Lectio divina* trata de llevar a la persona a la contemplación orante, esto es, a una contemplación más profunda donde la Palabra de Dios le habla al corazón. Para llegar a esto último, puede necesitarse más tiempo. Si deseas más información, ve a la página 8.

Confiar en Dios en la dificultad (salmos 73—74)

El salmista en el salmo 73 se pregunta por qué el arrogante parece prosperar en sus malos proyectos, hasta que se da cuenta de que el conocimiento y amor de Dios, del que aquellos carecen, da pleno sentido a todo en su vida. Así, rechazando la vanagloria del perverso, afirma lleno de reconocimiento: "Pero mi bien es estar junto a Dios, he puesto mi cobijo en el Señor a fin de proclamar tus obras" (v.28).

✠ ¿Qué más podemos aprender de este pasaje?

Dios está con el justo (salmos 75—76)

En el salmo 75, el orante reconoce que la verdadera justicia viene solamente de Dios que conoce todo. Lo que realmente importa es lo que Dios piensa, no lo que los hombres piensan de nosotros, obrar según los dictámenes de la propia conciencia y buscar adecuar cada día más la propia vida a las enseñanzas del Señor.

✠ ¿Qué más podemos aprender de este pasaje?

PARTE 2: ESTUDIO INDIVIDUAL (SALMOS 77—150)

Día 1: Tercer libro del Salterio, continuación (salmos 77—89)

El salmo 77 esta tejido de dos partes bien definidas. La primera presenta el dramático lamento del orante por la situación de calamidad en la que se encuentra la comunidad. En ella el salmista se pregunta si la "mano del Señor" (símbolo de su obrar) ha cambiado en relación con su pueblo. La segunda parte recuerda, en una composición en forma de himno, el poder de Dios manifestado en sus grandes gestas del pasado, lo cual parece dar renovados ánimos al orante.

El salmo 78, siguiendo en la línea de la segunda parte del salmo anterior, busca transmitir una lección a los israelitas desde su historia pasada. El salmo recuerda el gran acontecimiento del Éxodo, las plagas de Egipto y el paso del Mar Rojo, así como la permanencia de Israel en el desierto, con sus pruebas y dificultades; pero sobre todo la presencia de Dios. El Señor liberó a su pueblo, escogió a la tribu de Judá (Reino del Sur), puso su morada en el Monte Sion y estableció la dinastía davídica para pastorear a su pueblo.

El salmo 79 es un lamento colectivo por la destrucción del Templo. El orante expresa toda su pena por la humillación de los israelitas ante las naciones y la triste situación de Jerusalén, arrasada por la conquista, con el Templo demolido y cuerpos que yacen sin sepultura. El salmista suplica su ayuda al Señor para que se haga patente ante las naciones el poder del Dios de Israel.

El salmo 80 es sobre todo un lamento comunitario por la destrucción de Israel. El orante recuerda que Israel había sido arrancado de Egipto, como una vid selecta, y había sido plantado en la tierra buena de Palestina. Pero ahora la viña de Dios, desprotegida y atacada, yacía en ruinas. El salmo se concluye con una promesa de fidelidad al Señor, pidiéndole también que proteja al rey davídico.

El salmo 81 es un salmo usado para una fiesta litúrgica, posiblemente con ocasión de la fiesta de los Tabernáculos. El pueblo celebra con instrumentos (arpa y lira), durante la aparición de la luna llena, la buena cosecha obtenida conforme a la Ley del Señor (cf. Lev 23:23–25). El Señor está siempre deseoso de atender las necesidades de su pueblo, con tal de que presten oído a sus palabras.

El salmo 82, en forma de himno, imagina al Señor como un soberano que convoca a su cohorte para realizar un juicio. Los que han pervertido la justicia, están por incurrir en pena de muerte. Se trata de una composición visiva, un escena imaginaria, con la que el salmista busca resaltar el poder absoluto de Dios sobre cualquier otra potestad. Ciertas expresiones del salmo son de difícil traducción y son discutidas. Los salmos 95:3, 96:4-5 y 97:7.9 dan un poco de luz sobre el significado del término "dioses" en el salmo.

El salmo 83 es un lamento comunitario contra las alianzas destructivas. Algunas naciones paganas se unen para invadir la tierra de Israel. El salmista menciona las ocasiones del pasado en que el Señor castigó los pecados del pueblo (cf. Jue 4 – 8) y le pide que trate a los enemigos del pueblo de la misma manera.

El salmo 84 es un salmo de alabanza que se hace portavoz de los que anhelan venir al Templo del Señor. El salmista alaba a la morada de Dios expresando su ardiente deseo de entrar en los atrios del templo del Señor. El que confía en el Señor, será bendecido.

El salmo 85 es una súplica de carácter colectivo. En él el salmista recuerda los favores del Señor a la tierra y a los cautivos de Israel que habían vuelto del exilio. La comunidad pide al Señor que les devuelva la vida en plenitud y les conceda la salvación. El orante afirma su certeza de que el Señor concederá a su pueblo amor y verdad, justicia y paz, y una abundante cosecha.

El salmo 86 es un lamento individual. El salmista alaba a Dios, considerando que todas las naciones le deben homenaje. Sigue la alabanza al Dios misericordioso que lo libra de la muerte. Los arrogantes buscan quitarle la vida, sin considerar que Dios es rico en misericordia y verdad.

El salmo 87 es un himno a Sion. El salmista habla del gran amor de Dios por Sion, la montaña sagrada. Nombra a las naciones dónde Israel vivió como exiliado y declara que todo israelita pertenece a Sion, sin importar dónde haya nacido o vivido.

El salmo 88 es el lamento de una persona próxima a la muerte. El salmista, que a causa de su circunstancia personal piensa que Dios está enojado con él, suplica a este que escuche su oración. Con diversas imágenes y expresiones habla del drama de la muerte.

El salmo 89 es un lamento comunitario de la dinastía davídica. El Señor ha prometido a David que su linaje duraría por siempre. Justicia y derecho son los fundamentos del trono del Señor, el cual es escudo para su pueblo, el Santo de Israel, su verdadero rey. El Señor ha exaltado a David como su ungido para guiar a su pueblo. La doxología del v.53, que concluye el salmo, concluye a la vez el tercer libro del Salterio.

Lectio divina

Pasa de 8 a 10 minutos en contemplación silenciosa del siguiente pasaje:

El orante del salmo 88 nos da ejemplo de la necesidad de orar, sobre todo en los momentos de turbulencia y dificultad. En la oración confiada, como hijos ante un padre, podemos y debemos manifestar lo que sentimos, pidiendo a Dios con humildad su luz y su consuelo. La oración confiada es siempre fuente de paz y serenidad.

✠ ¿Qué más podemos aprender de este pasaje?

Día 2: El cuarto libro de los Salmos (salmos 90—106)

El salmo 90 da inicio al cuarto libro del Salterio. Este es una lamentación colectiva en torno a los sufrimientos que la comunidad estaba padeciendo. El Señor es invocado como refugio de su pueblo. El orante pide al Señor que enseñe a su pueblo a vivir sabiamente y que sea bendecido en la misma medida en que ha sufrido.

El salmo 91 es una oración de alabanza de los que se refugian en el Señor y los beneficios que obtienen. El salmista se dirige a los que buscan refugio y protección en la cercanía del Señor en el Templo. Estos no deberán temer el terror de la noche, las flechas durante el día –la guerra–, la peste, las plagas o la muerte en batalla. El Señor lo protegerá en todas esas circunstancias.

El salmo 92 es un himno de alabanza y acción de gracias por la fidelidad de Dios. El malvado puede florecer como la hierba, pero está destinado a la perdición. El justo florece como una palmera en el templo de Dios, y dará fruto aun cuando se haga mayor, alabando al Dios justo, roca inamovible.

El salmo 93 alaba al Señor como rey poderoso, firmemente entronizado y vestido de majestad y poder. Los decretos del Señor son estables y su Templo, santo. Este salmo, junto con los salmos 94 a 99, forma una pequeña colección de himnos que cantan a la realeza de Dios.

El salmo 94 es un lamento individual, una súplica de liberación del mal. El salmista se pregunta cuánto tiempo aún podrá jactarse el malvado de sus pecados, creyendo que Dios no los ve. En su necedad, se olvida de que Dios lo conoce todo. Los justos serán bendecidos, mientras los perversos, aniquilados.

El salmo 95 es un himno de alabanza al Señor. El salmista invita al pueblo a reconocer al Señor como su pastor. El Señor pone en guardia al pueblo para que no endurezca su corazón, como hicieron sus antepasados cuando estaban en el desierto. Por haber murmurado contra el Señor, el Señor no les permitió entrar a la Tierra Prometida.

El salmo 96 es un salmo que invita al pueblo a proclamar las glorias del Dios de Israel. El salmista declara que el Señor es un rey justo sobre todos los pueblos. Invita a la naturaleza a unirse en su canto de alabanza: cielos, tierra, mar, llanuras y los árboles de la foresta. Toda la creación debe alegrarse en presencia del Señor que gobierna el mundo con justicia y a los pueblos con fidelidad.

El salmo 97 es un salmo de entronización que subraya la preeminencia de Dios. Toda la creación proclama la justicia y la Gloria de Dios. El Señor ama a los que aborrecen el mal y rescata a sus fieles de las manos del malvado.

El salmo 98 sigue la temática del salmo anterior. El salmista invita al pueblo a cantar un nuevo canto al Señor, cuyas victorias fueron vistas por todos los pueblos y ha sido misericordioso y fiel para con los israelitas. La creación es de nuevo invitada a unirse en la alabanza a Dios que gobierna al mundo con justicia y equidad.

El salmo 99 es el último de los salmos de entronización. Además de invitar a la creación a unirse en la alabanza a Dios, el salmista recuerda a grandes personajes de la historia del pueblo –Moisés, Aarón y Samuel– que fueron amigos de Dios. El salmo concluye con un reconocimiento a Dios que perdona, pero que también sabe corregir a su pueblo cuando lo necesita.

El salmo 100 es un himno de alabanza. Tiene puntos de contacto con los siete precedentes, pero a la vez trata solo vagamente del tema de la realeza del Señor. El salmista proclama que el Señor es Dios, que él nos hizo y somos suyos, e invita al pueblo a elevar preces de acción de gracias y alabanza al Señor por su bondad, misericordia y fidelidad.

El salmo 101 es un salmo de un rey al Señor. El rey canta un canto de misericordia, prometiendo obrar con integridad, rechazando el mal, la compañía de los mentirosos, calumniadores y arrogantes. Promete extirpar cada día a los perversos de la ciudad de Dios.

El salmo 102 es el quinto de los salmos penitenciales y a la vez un lamento individual de una persona gravemente enferma, con una serie de males. Pide al Señor, que vive desde siempre y para siempre, que permita a los hijos de Israel vivir en su presencia.

El salmo 103 es un salmo individual de alabanza. El salmista alaba al Señor que es clemente, lento a la ira y que no castiga al pueblo como merecería por sus pecados. El Señor sabe que el ser humano es frágil como el polvo y su existencia como la de una flor del campo que pronto se marchita y desaparece. La creación es convocada, incluidos los ángeles, a bendecir al Señor cuyo dominio se extiende a todo.

El salmo 104 alaba al Dios creador que sostiene el mundo. El salmista canta al esplendor del Señor en la naturaleza y manifiesta el deseo de que los pecadores desaparezcan de la tierra. El salmo se concluye como un exuberante Aleluya, que quiere decir, "¡alaben al Señor!".

El salmo 105 es una reflexión poética sobre la historia de Israel. El salmista invita al pueblo a reflexionar sobre todo lo que el Señor realizó en el pasado por sus padres. Habla de Abrahán y Jacob, de José, Moisés y Aarón, y de la Tierra Prometida. Los dones del Señor son para ayudar a la fidelidad a la Alianza y a la Ley.

El salmo 106 recuerda en forma de confesión, con tono de lamento, importantes acontecimientos de la historia pasada de Israel referida en el Pentateuco: el paso del Mar Rojo, la rebelión en el desierto, el becerro de oro, el celo de Pinjás (cf. Nm 25:6-9), la roca que dio agua para saciar la sed del pueblo (cf. Éx 17:1-7) y finalmente, cuando el pueblo ya había entrado en la Tierra Prometida, su pecado de idolatría. El salmo se concluye con una doxología (v.48) que a la vez marca el final de la cuarta colección de los Salmos.

Lectio divina

Pasa de 8 a 10 minutos en contemplación silenciosa del siguiente pasaje:

En el salmo 104, el salmista reconoce que Dios habla, no solo a través de la Revelación, sino también por medio de la creación. Con razón exclama: "¡Cuán numerosas tus obras, Yahvé! Todas las hiciste con sabiduría, de tus creaturas se llena la tierra" (104:24). Contemplando a la creación podemos crecer en el conocimiento de Dios.

✠ ¿Qué más podemos aprender de este pasaje?

Día 3: El inicio del quinto libro de los Salmos (salmos 107—121)

El salmo 107 da inicio a la quinta colección del libro de los Salmos (salmos 107—150). Algunos escogieron la oscuridad de la rebelión contra Dios y Dios los castigó con la prueba; pero gritaron al Señor y el Señor los bendijo con agua y abundante cosecha.

El salmo 108 es un salmo de alabanza y una oración por la victoria. El salmista pide al Señor que ayude a la comunidad, siendo él el Señor de la tierra y quien puede proveer a las necesidades del pueblo. Dios, y no las fuerzas humanas, dan la victoria al pueblo.

El salmo 109 es un lamento individual en el cual el orante expresa la necesidad de la ayuda de Dios contra la gente calumniadora que le ataca, aun cuando él los quiere y reza por ellos. Enumerando las malas obras del perverso, el cual oprime y aflige incluso con la muerte al pobre y afligido, el orante pide que el malvado sufra los males que causa a otros y que reconozca la mano del Señor en su liberación.

El salmo 110 es un salmo real de alabanza pronunciado por un rey davídico. Jesús alude a la primera línea de este salmo en una confrontación sobre el Mesías con los líderes religiosos de su tiempo (cf. Mt 22:41–46). El salmo recuerda al rey-sacerdote Melquisedec (cf. Gn 14:18–20). Dado que nada se dice de su muerte, el sacerdocio de Melquisedec se hizo figura de un sacerdocio eterno que solamente Jesús poseerá (cf. Heb 7).

El salmo 111 es la alabanza de un individuo por las maravillas obradas por el Señor ante toda la comunidad. El orante proclama que el Señor provee alimento a sus fieles y les concede en heredad la tierra. El salmo concluye con la afirmación de que el temor de Dios, esto es, la reverencia, es el inicio de la sabiduría.

El salmo 112 declara que el que teme al Señor y obedece a sus mandamientos será bendecido. La recompensa a la piedad es el honor, la justicia y una generosa descendencia. El justo vivirá en paz y sin temor, y saldrá victorioso frente a sus enemigos. El malvado se perderá.

El salmo 113 invita a la comunidad a alabar el nombre del Señor "desde que nace el sol hasta el ocaso" (cf. v.3). Alaba al Señor que reina desde el cielo, levanta al caído y provee un lar a la viuda.

El salmo 114 habla de los israelitas dejando Egipto y estableciéndose en Judá. El salmista canta poéticamente el pasaje del Mar Rojo y del Jordán, y el episodio de la roca que dio de beber al pueblo en el desierto.

El salmo 115 se burla de los que adoran a los ídolos de oro y plata, obra de manos humanas. Solamente el Señor es el creador de todo y confió la tierra al cuidado de los hijos de Adán.

El salmo 116 es un salmo de acción de gracias a Dios. El orante afirma que el Señor es compasivo y justo. El Señor lo salvó cuando se encontraba indefenso y cerca de la muerte. En agradecimiento por la misericordia de Dios, elevará la copa de la salvación invocando el nombre del Señor, ofrecerá un sacrificio de alabanza y cumplirá sus votos.

El salmo 117, la composición más breve del Salterio y de toda la Biblia, invita a todos los pueblos a alabar la misericordia y fidelidad del Señor, Dios de Israel.

El salmo 118 es una liturgia de acción de gracias que hace un individuo a nombre de toda la comunidad. El versículo 22 es retomado en el Nuevo Testamento y puesto en relación con la pasión y muerte de Jesús (cf. Mt 21:42; Hch 4:11; 1 Pe 2:7). El orante invita al pueblo a unírsele en procesión con ramos, lo cual parece ser una referencia a la fiesta de la Tiendas.

El salmo 119 es el texto más largo del Salterio. En él, el orante alaba la Ley de Dios, proclama las bendiciones que se derivan de ello y presenta fervientes súplicas de fidelidad a los mandamientos del Señor.

El **salmo 120** empieza con una especie de subtítulo que dice, "canción de las subidas", el cual parece referirse a las peregrinaciones a Jerusalén (cf. 1 Re 12:28). Dicha anotación acompaña los salmos 120 a 134, agrupando estos quince salmos como cantos de peregrinación. El salmista pide al Señor que lo libere del engaño del enemigo, tanto a él como a los israelitas que viven fuera de la tierra de Israel.

El salmo 121 es un cántico de confianza en Dios al empezar un viaje. El orante levanta los ojos a los montes, preguntándose de dónde le vendrá auxilio y protección, y afirma con firmeza que su auxilio viene solamente del Señor que hizo el cielo y la tierra.

Lectio divina

Pasa de 8 a 10 minutos en contemplación silenciosa del siguiente pasaje:

En el salmo 108, el orante, de forma poética, habla de la alabanza al Señor al inicio del día (cf. 108:3-4). Cada mañana es un nuevo don de Dios por el cual debemos agradecer, una nueva oportunidad para experimentar su amor y su fidelidad, y para corresponder con alegría a sus dones.

✠ ¿Qué más podemos aprender de este pasaje?

Día 4: El final del quinto libro de los Salmos (salmos 122—150)

El salmo 122 es un canto de Sion, alabando a Jerusalén. El salmista manifiesta la alegría del pueblo al dirigirse a la casa del Señor, a su presencia en el Templo, donde el pueblo pedía por la paz y prosperidad de la Ciudad Santa.

El salmo 123 es una súplica de carácter individual, pero con una dimensión colectiva. La plegaria usa la imagen del patrón y el esclavo, lo cual parece indicar una circunstancia de opresión padecida por el pueblo por parte de alguna autoridad. Agobiado por la opresión de los soberbios y arrogantes, el salmista expresa la profunda necesidad que tiene la comunidad de la ayuda del Señor.

El salmo 124 es una oración de acción de gracias de la comunidad por la protección y guía del Señor. La comunidad reconoce que si el Señor no hubiera estado de su parte cuando los enemigos la atacaron, no habría resistido.

El salmo 125 es un canto de confianza comunitario. Los que confían en el Señor son como el monte Sion, firmes para siempre. El Señor hace maravillas por los que le son fieles y no dejará al impío impune.

El salmo 126 es un salmo de acción de gracias y una súplica. Los israelitas entran con alegría en Jerusalén después de sus muchos años en el exilio, gracias a la ayuda el Señor que ha hecho maravillas por ellos.

El salmo 127 es un salmo sapiencial que se vale de dos proverbios para expresar la necesidad que tiene el pueblo de confiar en Dios más que en sus propios dones. Es fatiga inútil madrugar si se ignora a Dios, pues el Señor bendice a sus amigos incluso mientras duermen.

El salmo 128 es también un salmo sapiencial, cuya principal enseñanza es que la confianza en Dios da estabilidad a la familia y a la comunidad. El Señor bendice al que lo teme y sigue sus preceptos. Su esposa será como una vid fecunda en su hogar, lo cual es un símbolo de alegría; sus hijos, numerosos como retoños de olivo alrededor de su mesa, lo cual es en la Biblia un símbolo de la bendición de Dios.

El salmo 129 habla de la opresión que los israelitas tuvieron que soportar, su oportuna liberación por obra del Señor y la petición de una mies poco abundante para los opresores. El enemigo es comparado con un campesino arando el campo con bueyes. El Señor ha liberado a su pueblo.

El salmo 130, el sexto de los salmos penitenciales, enseña sobre la misericordia y el perdón que el Señor concede al pecador. El Señor acoge el grito del humilde por misericordia. Israel espera en el Señor como el centinela la aurora.

El salmo 131 es un salmo de confianza en Dios, que promete alivio a su pueblo. Es una invitación a la humildad. El orante invita a Israel a esperar siempre en el Señor.

El salmo 132 es un salmo real en torno a la dinastía davídica y el Templo. David es evocado como depositario de las promesas divinas. El salmista invita a los israelitas a entrar en la presencia del Señor y a prestarle homenaje. El salmo es una invitación a la fidelidad al Dios que es fiel.

El salmo 133 es una bendición comunitaria. En ella el salmista expresa la alegría y el gozo que es para los hermanos reunirse en comunidad. El óleo escurriendo por la barba de Aarón, usado en la consagración sacerdotal, es símbolo de la suavidad y armonía fraternas que se experimentan cuando se vive en comunidad.

El salmo 134, la última "canción de las subidas", evoca a los sacerdotes y levitas que servían al Señor en el Templo día y noche. El salmista pide al Señor que lo bendiga desde Sion.

El salmo 135 es un cántico que enumera una serie de motivos para alabar al Señor. Todo lo que el Señor quiere lo hace, mientras los dioses paganos no son nada. El orante invita a todo el pueblo a alabar a Dios.

El salmo 136 es un himno desarrollado en forma de letanía, que repite después de cada afirmación una expresión muy querida en los Salmos: "porque es eterna su misericordia". Posiblemente compuesto para la oración comunitaria, el salmo es una gran alabanza a Dios y evoca las grandes obras realizadas por este en la creación y en la historia de Israel.

El salmo 137 es un lamento y una expresión de esperanza. El salmista habla de los exiliados en Babilonia a los que se les pedía que entonaran un canto de Sion. Una petición semejante solo podía agravar el dolor y la tristeza por la lejanía de la patria. El salmo es una invitación a no olvidar a Jerusalén y la Tierra Prometida.

El salmo 138 es un salmo de acción de gracias por la protección divina al pueblo en toda circunstancia. El salmista, inclinándose hacia el Templo, canta su gratitud a Dios.

El salmo 139 exalta a Dios que conoce todo, que ha creado todo y que está presente en toda su creación. Es una sentida profesión de fe en la omnisciencia del Señor.

El salmo 140 es un lamento individual suplicando verse libre del mal. El salmista pide al Señor que no permita que los planes del malvado prosperen. Seguro de que Dios hace justicia a los pobres y necesitados, suplica que se le haga justicia contra los malvados.

El salmo 141 es una súplica intensa que hace el orante para ser escuchado por Dios y, a la vez, una petición de ayuda contra los enemigos. El orante pide al Señor que le ayude a vigilar su hablar y su obrar. En el Señor se encuentra su amparo y protección.

El salmo 142 es una sentida súplica individual. Desde lo hondo de su propia miseria, el orante pide al Señor que lo rescate de sus perseguidores que son más fuertes que él.

El salmo 143, el séptimo y último de los salmos penitenciales, es una súplica de liberación. El orante perseguido y en grave peligro, pide a Dios misericordia, no justicia. Su alma está como tierra sedienta, sin agua. Si el Señor no lo socorre, será como los que bajan a la fosa. Por el honor de su nombre, pide que el Señor se le muestre favorable.

El salmo 144 es un lamento real, pidiendo al Señor la victoria y la prosperidad. Por más autoridad y poder que tenga el rey, este todavía necesita suplicar la ayuda del Señor, que es su baluarte, fortaleza, libertador y escudo. La bendición del Señor significa el triunfo sobre sus enemigos y la prosperidad de su reino.

El salmo 145 es un canto a la grandeza y bondad de Dios. El Señor, el verdadero rey, es digno de toda alabanza. El Señor es digno de toda confianza y amor. Él provee a todas las necesidades de los que se confían a él.

El salmo 146 invita al pueblo a confiar en Dios Creador, a poner toda su confianza en el Señor, que hizo el cielo y la tierra, el mar y cuanto contiene. El Señor es fiel para siempre, hace justicia al oprimido, liberta a los cautivos, da pan al hambriento, devuelve la vista al ciego. El Señor, Dios de Sion, reinará para siempre.

El salmo 147 es un salmo comunitario post-exílico. En él, el salmista expresa su maravilla por el obrar de Dios, que ha reconstruido a Jerusalén y ha hecho regresar a los exiliados a la Tierra Prometida. El orante invita a Jerusalén y a Sion a alabar al Señor que ha fortalecido sus puertas, bendecido a sus niños, traído la paz y concedido abundante cosecha a todo el pueblo.

El salmo 148 es una llamada a la alabanza de Dios creador. El salmista invita a todas las creaturas a alabar a Dios su creador, maravillado de su grandeza y poder, que se manifiestan en todas sus obras.

El salmo 149 es un canto de alabanza al Señor, que ha manifestado su inmenso amor a Israel. El salmista invita al pueblo a cantar un cántico nuevo al Señor, cuando se reúna en el Templo. El Señor se complace y bendice a su pueblo, y concede la victoria a los humildes.

El salmo 150 es una gran doxología con la que se concluye el libro de los Salmos. En ella, el salmista invita al pueblo a alabar al Señor en su Templo y bajo el gran santuario del firmamento. Se trata de una alabanza festiva, con instrumentos y danzas. Que toda criatura alabe al Señor. Aleluya.

Lectio divina

Pasa de 8 a 10 minutos en contemplación silenciosa del siguiente pasaje:

Al hablar de dar culto a Dios en el Templo, varios salmos subrayan la importancia y el valor de las acciones litúrgicas comunitarias. En el salmo 135, el orante escribe, "Alaben el nombre de Yahvé, alaben, siervos de Yahvé, que sirven en la Casa de Yahvé, en los atrios de la Casa de nuestro Dios" (135:1–2). La liturgia Eucarística es uno de los grandes momentos de oración comunitaria de la Iglesia.

✠ ¿Qué más podemos aprender de este pasaje?

Preguntas de repaso

1. ¿Qué dice el salmo 80 sobre el abandono que sufrieron los israelitas por parte del Señor?
2. ¿Qué dice el salmo 92 sobre el modo de obrar del necio?
3. ¿Qué dice el salmo 132 sobre la alianza de Dios con David?

LECCIÓN 5

El libro de los Proverbios

Feliz el hombre que encuentra sabiduría, el hombre que adquiere prudencia; es mayor ganancia que la plata, es más rentable que el oro (Prov 3:13–14)

Oración inicial (ver página 14)

Contexto

Parte 1: Proverbios 1—3 El libro de los Proverbios ofrece una serie de breves sentencias o máximas sapienciales que buscan ofrecer normas de vida conforme a la fe en Dios. De hecho, el término "proverbio" en hebreo se relaciona con el verbo "gobernar". En 1 Reyes 5:12–13, se dice que Salomón compuso cerca de 3,000 proverbios, por lo cual es natural que en el libro muchos de ellos le sean atribuidos, aunque sea difícil determinar con seguridad cuáles realmente son de él. La mayor parte de los proverbios fueron escritos entre el XI y VI siglo a.C. En los primeros tres capítulos del libro, el editor presenta la finalidad de la obra, la cual se desarrolla en gran parte como los consejos que un padre da a su hijo. La sabiduría es personificada como una mujer.

Parte 2: Proverbios 4—31 En la parte más voluminosa de la obra, el editor recoge varias colecciones de proverbios, de diversos orígenes, los cuales en síntesis buscan mostrar el contraste entre un comportamiento conforme con la sabiduría y el comportamiento de los necios.

PARTE 1: ESTUDIO EN GRUPO (PROV 1—3)

Leer en voz alta Proverbios 1—3.

Capítulo 1: Introducción e instrucción

Aunque el autor atribuye a Salomón el versículo que abre el libro de los Proverbios, como ya se anotaba en la introducción, es difícil determinar si esto es así y cuántos de los dichos del libro se pueden atribuir a este. Los versículos 1-7 presentan la finalidad del libro, la cual es enseñar sabiduría, disciplina y conocimiento de las máximas sapienciales. Dichas virtudes a la vez llevan a una conducta sabia y al conocimiento de los que es justo y equitativo. Al ingenuo y joven, el autor busca transmitir ingenio, discernimiento y prudencia; al sabio, progreso en el conocimiento y habilidad para comprender un proverbio. El libro contiene expresiones, máximas y enigmas.

Una afirmación central del libro, que encontramos también en otros escritos de la tradición sapiencial, es que el temor del Señor es el principio de la sabiduría. El necio desprecia sabiduría y disciplina. En el libro términos como "ingenuo" o bien "necio" se usan como opuestos al de sabio.

Los versículos 8 a 19 contienen advertencias de una madre y un padre a su hijo joven sobre las incitaciones del malvado que intenta seducirlo aprovechando su falta de experiencia. Los malvados caerán en su propia trampa y tendrán una muerte violenta. Esa es la suerte de los que se inclinan al mal.

Los versículos 20 a 31 imaginan a la sabiduría como una doncella que clama contra el desvarío de los que actúan con simpleza y rechazan la sabiduría. Los que prestan oídos a la sabiduría se llenan de su espíritu. Quienes desprecian la voz de la sabiduría recibirán una lección por parte de ella misma en tiempos de terror y esta no les responderá cuando la invoquen. Los que desprecian la sabiduría también rechazan el justo conocimiento y la piedad para con el Señor. De esto resulta la destrucción para el malvado, mientras que los que escuchan la sabiduría, vivirán con seguridad y en paz.

Capítulo 2: Bendiciones de la sabiduría

A través de una estructura acróstica (cada versículo comienza con una de las letras del alfabeto hebreo siguiendo el orden de este), los padres hablan al hijo joven sobre el valor de la sabiduría. Al que la persigue como la plata o un tesoro precioso, el Señor se la concede, junto con la piedad y el conocimiento de Dios. El que busca la sabiduría será salvado del perverso y de las palabras seductoras de la extranjera, que abandonó a su esposo y rechaza a Dios. Los que la siguen terminan en la región de los muertos, sin posibilidad de volver. El sabio vive en paz en la tierra, mientras el malvado perece.

Capítulo 3: La confianza en Dios lleva a la prosperidad

Siguiendo con el recurso de la exhortación de un padre y una madre a su hijo inexperto, el siguiente capítulo alaba la vida conforme a la sabiduría, a la cual seguirá una justa recompensa. Al joven que acepta la exhortación de sus padres, que practica el amor y la fidelidad, y que confía en el Señor más que en su propia inteligencia, vivirá muchos años en la paz y encontrará el favor divino. Vivirá una vida sana y vigorosa en todas sus dimensiones.

El hijo que honra al Señor con su riqueza y los primeros frutos de su cosecha, encontrará sus graneros llenos y sus tinajas de vino desbordadas. Si acepta la corrección del Señor como la de un padre a su hijo, recibirá muchas bendiciones. Los dones de la sabiduría y del conocimiento son más preciosos que la plata, el oro y las joyas finas. El hijo sabio tendrá larga vida, riquezas, honor, paz y alegría.

El Señor fundó la tierra con su sabiduría, estableció los cielos con su entendimiento, destapó los abismos con su conocimiento e hizo que las nubes destilaran el rocío. Sabiduría, entendimiento y conocimiento traen seguridad, reposo tranquilo y la guía del Señor. El sabio es cuidadoso y servicial, no planea el mal contra su prójimo ni se pelea contra el que no le hizo algún mal; no tiene envidia del violento ni busca imitar su ejemplo. Para el Señor, el intrigante es una abominación, pero los justos serán bendecidos. El Señor trata a los pecadores como necios, pero favorece con la gloria la morada del justo.

Preguntas de repaso

1. ¿Cuál es la finalidad del libro de los Proverbios?

2. ¿Cuáles son algunas de las principales enseñanzas que los padres dan al hijo joven en esta primera sección del libro?

3. ¿Qué recompensa recibe el que presta oídos a la Señora Sabiduría?

Oración final (ver página 15)

Hacer la oración final ahora o después de la *Lectio divina*.

Lectio divina (ver página 8)

Relaja tu cuerpo y mantén una postura de oración –espalda recta, ojos cerrados, pies en el piso–. Puedes tomar todo el tiempo que desees para hacer este ejercicio; sin embargo, para los fines de este Estudio Bíblico, de 10 a 20 minutos es suficiente.

Las meditaciones que se ofrecen a continuación tienen como fin ayudar a los participantes a familiarizarse con esta forma de oración; sin embargo, se debe tener en cuenta que la *Lectio divina* trata de llevar a la persona a la contemplación orante, esto es, a una contemplación más profunda donde la Palabra de Dios le habla al corazón. Para llegar a esto último, puede necesitarse más tiempo. Si deseas más información, ve a la página 8.

Introducción e instrucción (capítulo 1)

Jesús dice que el mensaje del Reino está oculto a los sabios y entendidos, pero que ha sido revelado a los sencillos (cf. Lc 10:21). En este caso, con el término "sabio" Jesús se refiere a los que creen poseer gran conocimiento, pero que en realidad saben poco de la creación de Dios porque rechazan su presencia en el mundo. El autor del libro de los Proverbios, junto con toda la tradición sapiencial bíblica, insistirá en que es el temor del Señor, es decir, la reverencia y piedad filial para con Dios, el inicio de la sabiduría (cf. Prov 1:7; 9:10).

✠ ¿Qué más podemos aprender de este pasaje?

Las bendiciones de la sabiduría (capítulo 2)

Aquellos que son sabios comprenderán la justicia, el derecho y la rectitud, y todos los caminos del bien (cf. Prov 2:9). La familiaridad con la sabiduría guía a la persona y la protege del pecado. Para el autor de los Proverbios, el mal proviene de la carencia de sabiduría. Los necios son los que no tienen la sabiduría.

✠ ¿Qué más podemos aprender de este pasaje?

La confianza en Dios lleva a la prosperidad (capítulo 3)

"Confía en Yahvé de todo corazón y no te fíes de tu inteligencia; reconócelo en todos tus caminos y él enderezará tus sendas" (Prov 3:5). La felicidad proviene de la confianza total en el Señor y la obediencia a sus preceptos. El Señor guía los pasos del que confía en él por senderos de justicia y paz.

✠ ¿Qué más podemos aprender de este pasaje?

PARTE 2: ESTUDIO INDIVIDUAL (PROV 4—31)

Día 1: La sabiduría del maestro (Prov 4—9)

En la sección que sigue (Prov 4:1-9), el autor habla valiéndose de la figura del maestro quien se dirige a sus discípulos, a los cuales llama "mis hijos". Este comparte la sabiduría que aprendió de su padre, sobreentendiendo con ello que conoce y practica la sabiduría. La sabiduría y el conocimiento protegerán a sus hijos. Al practicar y exaltar la sabiduría, ellos serán ensalzados.

En el versículo 10, se retoma la figura del discurso paterno. El padre amonesta a su hijo para que no siga el camino del perverso que come el pan de sus maldades, el vino de su brutalidad y pierde el sueño si no ha hecho tropezar a alguien. Camina en las tinieblas, mientras el justo brilla como la aurora y está lleno de luz como el día. Insiste en que el hijo se esfuerce por permanecer fiel a sus palabras, la cuales traen vida y salud a los que viven de acuerdo con ellas, y lo anima a evitar la mentira, a fijar los ojos en el camino de la sabiduría y a nunca desviarse hacia el mal.

El capítulo 5 empieza con el primero de tres poemas sobre la mujer extranjera, la cual es mostrada en contraste con la Señora Sabiduría. El contraste será entre la sabiduría y la necedad. El maestro alerta al discípulo sobre la mujer extranjera, cuyos labios destilan miel y cuyo hablar es más suave que el aceite, pero los cuales al final saben amargos como el ajenjo y son afilados como espada de doble filo. Su camino es muerte y desviación hasta la destrucción. El maestro insiste a los discípulos en que no deben acercarse a las puertas de su casa, para evitar caer en su trampa y al final lamentar su caída. A continuación sigue el consejo de un padre al hijo para que reconozca las bendiciones de la familia y permanezca fiel a la esposa de su juventud.

El capítulo 6 se abre con consejos para el que se haya hecho fiador en alguna transacción, a los cuales siguen algunas máximas sobre la diligencia en el obrar: al que no trabaja le alcanza la pobreza del vagabundo y la indigencia del mendigo (v. 11). Los vv.12-15 describen al hombre malvado y del v.16 al 19, el autor refiere siete cosas que aborrece el Señor. El v.20 hace de transición renovando la llamada de los padres a que el hijo preste oídos a sus instrucciones, las cuales son lámparas para su camino. A estas sigue una amonestación sobre las seducciones de la extranjera y los males que se derivan del adulterio, incluida la pena capital como establece la ley deuteronomista (cf. Dt 22:22; Jn 8).

En el capítulo 7 el padre exhorta al hijo a guardar sus mandamientos como la niña de sus ojos, para que viva. Le aconseja llamar a la sabiduría "mi hermana" y al entendimiento "amigo", es decir, lo anima a buscar la familiaridad con la sabiduría. Si custodia la sabiduría como a su amada, no será tentado a cometer adulterio con la mujer extranjera. Y para ilustrar su enseñanza narra una historia que casi tiene la forma de una parábola.

En los capítulos 8-9, la sabiduría personificada en la "Señora Sabiduría" pronuncia un largo discurso sobre el valor y los beneficios de poseerla. Por medio de este recurso, el autor busca motivar a los jóvenes a seguir el camino que lleva a la sabiduría, pues poseerla llena la propia vida de dones. El capítulo 8, en particular, habla del origen de la sabiduría, explicando cómo esta estaba presente junto al Creador cuando hizo el mundo; también habla de su presencia en la creación. El que encuentra la sabiduría encuentra la vida y es bendecido por el Señor. Los que la ignoran o rechazan, encuentran muerte.

En el capítulo 9 la señora Sabiduría invita a un banquete. El banquete es símbolo de la abundancia de beneficios que la sabiduría ofrece gratuitamente a los que aceptan participar en su "mesa". El versículo 10 repite el clásico proverbio sobre la relación de la sabiduría con el temor de Dios. En la última parte del capítulo es la mujer extranjera quien toma la palabra, presentando ella también su invitación al ingenuo, que no se da cuenta de que entre sus invitados está la muerte y que quienes aceptan su invitación terminan en la región de los muertos.

Lectio divina

Pasa de 8 a 10 minutos en contemplación silenciosa del siguiente pasaje:

En el discurso de la sabiduría personificada, el autor sagrado enumera los maravillosos beneficios que se pueden obtener al aceptar ser comensales en el banquete de la Sabiduría. Cada día el Señor nos prepara un generoso banquete de gracias, luces e inspiraciones a través de su Palabra, las cuales nos llevan a la verdadera vida. Depende de nosotros aceptar las constantes invitaciones del Espíritu Santo a este banquete.

✠ ¿Qué más podemos aprender de este pasaje?

Día 2: Primera colección de máximas salomónicas (10—14)

El libro de los Proverbios atribuye a Salomón una colección de 375 máximas, aunque sin un orden preciso. Casi todos los proverbios de los capítulo 10 a 14 son antitéticos, es decir, contrastan al sabio con el necio, al justo con el malvado, al piadoso con el impío. La sección se abre con una referencia a la familia. Se habla de la alegría y la tristeza, que el hijo sabio y el hijo necio dan a sus padres respectivamente.

El justo es bendecido por Dios. No le falta nada: trabaja duro, permanece fiel a Dios, promueve la paz, enriquece la vida de otros, vive con seguridad y honestamente, tiene familiaridad con la sabiduría, se muestra reverente para con el Señor y recibe de la abundancia de sus bendiciones. La vida del malvado y del necio, por el contrario, no se benefician de nada. Viven una vida vacía, empobrecida por la pereza y la vergüenza, rechazados por el Señor. Calumnian, suscitan la ira, rechazan las correcciones, se complacen en sus errores e ignoran al Señor. El nombre del justo permanece en la memoria del pueblo, mientras el nombre del malvado es olvidado. En 1 Pe 4:8 el autor escribe: "... el amor cubre multitud de pecados", mensaje inspirado en Proverbios 10:12 que dice: "...el amor disculpa toda ofensa".

El capítulo 11 subraya la dimensión de la justicia, hablando de la persona justa en contraposición con la infiel. El justo es la alegría del Señor, es honesto, humilde, sin mancha, generoso, de confianza y compasivo. El infiel es una abominación para el Señor, es arrogante, vengativo y despiadado. El justo confía y recibe protección del Señor, mientras el malvado es atrapado en sus mismas trampas.

El capítulo 12 empieza alabando a la persona que ama la disciplina y la instrucción. Los mismos pensamientos del justo son conformes con la piedad; sus palabras, liberadoras. El justo es lleno de discernimiento y buen juicio, mientras el malvado tiene la mente retorcida. "El justo conoce las necesidades de su ganado, pero las entrañas del malvado son crueles" (v.10). La sección se concluye con este proverbio: "En la senda de la justicia está la vida, el camino de la impiedad lleva a la muerte" (v.28).

El argumento del buen hablar domina una parte considerable del capítulo 13. "Quien controla su boca, protege su vida; quien abre sus labios, se busca la ruina" (v.3). En línea con este pensamiento, afirmará el autor de la carta de Santiago: "Si alguno no cae al hablar, ése es un hombre perfecto" (Sant 3:2). La compañía del sabio es un estímulo a la sabiduría; sus enseñanzas, fuente de vida. La boca del malvado genera traición y violencia. Otra idea importante en el capítulo es que el padre que ama a su hijo, lo sabe corregir oportunamente (v. 24).

El capítulo 14 se abre con la afirmación de que la Sabiduría construye la casa; la Necedad, la destruye. La sección sigue con el contraste entre el justo y el necio, y los frutos de su obrar respectivamente. En ella encontramos varios proverbios aislados que son un tesoro de espiritualidad bíblica. "El sabio teme el mal y de él se aparta, el necio es arrogante y se confía" (v.16). "Quien desprecia a su prójimo peca, dichoso el que se apiada de los pobres" (v.21). "Quien oprime al pobre ultraja a su Creador; quien se apiada del indigente le da gloria" (v.31). "La justicia engrandece a las naciones, el pecado empobrece a los pueblos" (v.34).

Lectio divina

Pasa de 8 a 10 minutos en contemplación silenciosa del siguiente pasaje:

Las malas noticias dominan los medios. El mal hace alarde de forma arrogante y fanfarrona; el bien, por el contrario, se hace oír de forma humilde y discreta. El chisme y el hablar de la vida ajena son deporte internacional. La difusión desinteresada de la buena fama y de las conquistas ajenas es virtud de pocos. Ante este panorama, las máximas de la sabiduría divina son una gracia singular; hitos para una vida plena, para la felicidad, la prosperidad y las bendiciones de Dios, que están al alcance de nuestra mano.

✠ ¿Qué más podemos aprender de este pasaje?

Día 3: Proverbios varios (15—19)

Estos capítulos presentan una serie de proverbios aislados. Sin embargo, además de la alabanza del sabio, un tema recurrente en ellos es el de la prudencia en el hablar, lo cual es una característica de la persona justa. El presente apartado resalta algunos de ellos.

Los proverbios del capítulo 15 se basan en el hecho de que el Señor lo ve todo y a todos, buenos y malos. El sacrificio del malvado es una abominación al Señor, pero la oración del justo alcanza su favor. Paciencia y aceptación de los pocos bienes que uno pueda tener es mejor que una fortuna con ansiedad. Un hijo prudente busca el consejo de su padre. Una mirada radiante, buenas noticias y una represión saludable son bienvenidas por el sabio.

El capítulo 16 enseña que los hombres hacemos planes, pero que es el Señor quien concede el resultado según su voluntad. Para tener éxito en las propias empresas, hay que encomendarlas al Señor. El sabio es estimado por su discernimiento, buen juicio y palabras prudentes, mientras el necio elige la necedad. "Las canas son corona de gloria" (v.31), obtenidas por la vida justa. Es mejor ser paciente y controlar el propio ánimo que pelear.

El capítulo 17 se abre afirmando que "Más vale mendrugo seco en paz que casa llena de banquetes y peleas" (v.1). Quien se burla del pobre ultraja al Creador. La corona de los ancianos son los nietos. Disimular las ofensas promueve la amistad; el chisme separa a los amigos. Los que se rebelan encuentran rebelión. El mal no abandona al que paga con el mal el bien. Un amigo es como un hermano que ayuda en tiempos de adversidad. El alegre tiene buena salud; la melancolía seca los huesos. El culpable acepta soborno y deforma la justicia. El necio mira solamente al lucro terreno. Un hijo necio trae tristeza y dolor a sus padres. El inteligente es discreto y cuida sus palabras. Hasta los necios parecen sensatos cuando guardan silencio.

El que vive apartado sigue su capricho y se enfada con cualquier consejo (Prov 18:1). El necio no busca el conocimiento, sino expresar su opinión. Su boca es su trampa y su ruina. El justo encuentra refugio en el Señor. El corazón soberbio conduce al desastre; el corazón humilde, al honor. Algunos amigos llevan a la ruina, pero el amigo verdadero es más leal que un hermano.

La primera máxima del capítulo 19 enseña que es mejor ser pobre y honrado, que tener los labios torcidos como el necio. El testigo falso y el que dice mentiras no queda impune. Un hijo necio es la ruina de un padre; una esposa pendenciera, gotera incesante. Los que siguen los mandamientos del Señor tienen vida en plenitud; lo que los desprecian, encuentran la muerte. El que se ocupa del pobre recibe generosa recompensa del Señor. El temor del Señor conduce a la vida.

Lectio divina

Pasa de 8 a 10 minutos en contemplación silenciosa del siguiente pasaje:

"Quien se burla del pobre ultraja a su Creador" (Prov 17:5); "Quien se apiada del pobre presta a Yahvé y recibirá su recompensa" (Prov 19:17). Varios proverbios afirman un elemento esencial de la espiritualidad bíblica: la misericordia, que nos asemeja a Dios. Por eso Jesús dirá: "Sean compasivos como su Padre es compasivo" (Lc 6:36).

✠ ¿Qué más podemos aprender de este pasaje?

Día 4: Máximas del sabio (Prov 20—24)

El capítulo 20 comienza diciendo que la persona honrada evita las peleas. ¿Quién puede decir, "soy puro, estoy libre de pecado"? (cf. v.9) (cf. 1 Jn 1:8-10). La honestidad es más preciosa que el oro y joyas abundantes. Fortuna adquirida con rapidez, dura poco. "No digas: «Vengaré mi daño»; confía en el Señor y te salvará" (v. 22).

A los ojos del que actúa, su obrar el correcto, pero el Señor conoce el corazón (Prov 21:1). El corazón arrogante y orgulloso es pecaminoso. El camino puede ser tortuoso, pero la conducta debe permanecer honrada. El que ignora al pobre, será ignorado cuando necesite ayuda. Justicia y bondad conducen a una vida buena y honrada. El sabio domina hasta al fuerte. El que es prudente en el hablar, evita problemas.

En el capítulo 22, la sabiduría enseña que un buen nombre es más deseable que grandes riquezas. Consecuencia de la humildad y del temor del Señor son la riqueza, el honor y la vida. El generoso será bendecido por compartir su comida con el pobre. De 22:17 a 24:22 encontramos una colección de máximas sapienciales, que se presentan como "palabras de los sabios", las cuales empiezan con una llamada a la escucha (22:17). Partes de las mismas provienen de una antigua composición egipcia, del año 1100 a.C. que contenía treinta capítulos.

El autor alerta al joven a no robar al pobre u oprimir al necesitado en los portones de la ciudad, el cual era el lugar de los juicios. El Señor está de parte del pobre y del necesitado, pronto para defender su causa y castigar a los que lo saquean. El capítulo 23 se abre con algunos consejos sobre cómo comportarse cuando el joven es invitado a la mesa de un rey. A continuación le invita a dar oídos a la instrucción y a las enseñanzas del que tiene experiencia. Un muchacho a veces necesita ser corregido con algún castigo. No se debe envidiar a los pecadores, sino reverenciar al Señor en todo tiempo. La borrachera y glotonería conducen a la miseria. El hijo sabio es la alegría de los padres.

En el capítulo 24, el maestro invita al joven a no envidiar a los malvados ni desear su compañía. Es la sabiduría la que da fortaleza en la vida. Rendirse ante la dificultad es demostrar debilidad. La sabiduría es dulce para el alma como la miel al paladar (cf. Sal 19:10-11; 119:103). Que no se alegre con la caída del enemigo, no sea que desagrade al Señor. La sección final de este capítulo es introducida con la frase, "También esto pertenece a los sabios" (24:23) y trata de la sinceridad en el hablar y de la laboriosidad.

Lectio divina

Pasa de 8 a 10 minutos en contemplación silenciosa del siguiente pasaje:

"El justo cae siete veces y se levanta", enseña Prov 24:16. "He visto caer cedros de Líbano", dice san Jerónimo. El cedro es un árbol grande y fuerte, con hondas raíces. La experiencia de nuestra fragilidad, debilidad y miseria, nos enseña la humildad y nos predispone a acoger con gratitud la misericordia del Padre.

✠ ¿Qué más podemos aprender de este pasaje?

Día 5: Segunda colección salomónica, los Proverbios de Agur y las instrucciones de la madre del rey Lemuel (Prov 25—31)

El v.1 del capítulo 25 presenta la siguiente colección como si fuera otra colección de proverbios de Salomón, recopilados al tiempo del rey Ezequías (siglo VII a.C.). Se trata de nuevo de una colección de máximas con temas varios. Los primeros versículos de la sección refieren proverbios sobre al rey y los súbditos a la que siguen diversas máximas sobre temas de la vida cotidiana.

El capítulo 26 presenta diversos proverbios sobre el necio, el perezoso y el chismoso. El necio está tan fuera de lugar como la nieve en verano. Creyéndose astuto, su boca no cesa de repetir insensateces. Las palabras del chismoso son como golosinas que bajan hasta lo hondo de las entrañas. Las palabras del mentiroso se hacen su propio enemigo, las cuales lo harán caer a su tiempo.

El capítulo 27 comienza invitando a no presumir el mañana, pues nadie sabe lo que le espera. Es vano alabarse a uno mismo. El capítulo luego ofrece una serie de proverbios sobre la amistad. "Más valen golpes leales de amigo, que besos falaces de enemigo" (v. 6). "Perfume e incienso alegran el corazón, la dulzura del amigo consuela el alma" (v.9). Y termina con una secuencia de proverbios sobre temas varios.

El capítulo 28 trata del comportamiento del malvado que no teme al Señor. "Los malvados no entienden el derecho, los que buscan a Yahvé lo entienden todo" (v. 5). El capítulo dedica una serie de proverbios sobre observancia de la Ley. El que guarda la Ley es un hijo inteligente; si uno no cierra el oído a la

Ley, también su oración será oída. "El que oculta sus delitos no prosperará, el que los confiesa y cambia, obtendrá compasión" (v.13).

El que se obstina ante la corrección, encontrará ruina (capítulo 29 v.1). El justo, rey o plebeyo, es una riqueza y fuente de bendiciones para una nación. El justo reconoce los derechos del pobre, sabe dominar sus pasiones, acoge las correcciones. El orgullo propio humilla al hombre, pero el espíritu humilde obtiene honores (v.23). Quien confía en el Señor siente seguridad en su vida.

El capítulo 30 comienza con una sección que afirma trasmitir las palabras de un personaje desconocido de nombre Agur, de Masa (al norte de Arabia), dirigidas a Itiel y Ucal (vv.1-14). Este empieza con un acto de humildad en el cual el autor dice ser el más estúpido de los hombres por carecer de sabiduría. Luego se pregunta quién conoce los misterios de cielo y tierra. A continuación afirma que la Palabra de Dios no defrauda y Dios es un escudo para los que confían en él. Pide tener solo lo necesario, ni riqueza ni pobreza, y termina mencionando los diversos tipos de personas. Los versículos finales contienen "proverbios numéricos", así llamados por referir su contenido con una referencia numérica ("tres cosas…y cuatro…"). Estos proverbios hablan de diversos temas.

El libro de los Proverbios se concluye (capítulo 31) con dos apartados. El primero se presenta como si fueran las instrucciones de la madre de un rey de nombre Lemuel de Masa (vv.1-9); el segundo es un poema acróstico sobre la mujer ideal. La reina madre le da consejos varios a su hijo para que sea un rey justo. La mujer ideal, que vale más que las piedras preciosas, es buena compañera, industriosa, dedicada, sacrificada, caritativa, digna y sabia.

Lectio divina

Pasa de 8 a 10 minutos en contemplación silenciosa del siguiente pasaje:

Si tu enemigo tiene hambre, dale de comer y tendrás recompensa de parte del Señor (cf. Prov 25:21). Jesús hará del amor al enemigo un elemento central de su enseñanza, expresión concreta de la compasión que tanto nos asemeja al Padre (cf. Mt 5:43-48).

✠ ¿Qué más podemos aprender de este pasaje?

Preguntas de repaso

1. ¿Qué imagen de la Señora Sabiduría ofrece el autor en el capítulo 8?
2. ¿Qué enseñan los proverbios sobre la ayuda a los pobres y necesitados?
3. ¿Qué virtudes debe tener la mujer ideal según Proverbios 31?

LECCIÓN 6

El libro del Eclesiastés (o Cohélet) y el Cantar de los Cantares

Todo tiene su momento, y cada cosa su tiempo bajo el cielo (Ecl 3:1)

Oración inicial (ver página 14)

Contexto

Parte 1: Eclesiastés 1—3 El Eclesiastés o Cohélet afirma la fugacidad de las cosas y de la vida. Posiblemente fue escrito en el siglo III a.C., periodo en que dominaban los reyes de Egipto y la cultura griega se imponía sobre el débil pueblo de Judea. El autor se presenta como "Cohélet, hijo de David" (v.1), queriendo indicar con ello, al parecer, su pertenencia al linaje davídico. Consciente de la opresión del pueblo e impresionado por la futilidad de la vida, el Cohélet no es sin embargo un libro privo de alegría. Anima a que las personas sepan encontrar alegría en lo que tienen. En los primeros tres capítulos, Cohélet afirma que todo pasa como un soplo, todas las cosas tiene su tiempo bajo el sol. Por ello hay que aprovechar bien la vida.

Parte 2: Eclesiastés 4—12; Cantar de los Cantares 1—8 En la sección siguiente, el Cohélet desafía a los que creen que el malo vive una vida más breve que el bueno o de mayor miseria. Lo que importa es temer a Dios y observar sus mandamientos. El Señor juzgará a cada uno conforme a sus obras. El Cantar de los Cantares, por su parte, es una canción de amor, que ensalza el amor humano y la relación conyugal. La tradición hebrea ha encontrado en este escrito un segundo nivel de lectura que simboliza la relación de alianza de Dios con su pueblo. En la tradición mística de la Iglesia, este ha sido leído también como expresión de la intimidad del alma con Dios.

PARTE 1: ESTUDIO EN GRUPO (ECL 1—3)

Leer en voz alta Eclesiastés 1—3.

1—2 Vanidad de vanidades

Una breve nota identifica las palabras del Eclesiastés como venidas de "Cohélet", rey de Jerusalén. El autor se presenta como hijo de David, al parecer, una manera indirecta de invocar a Salomón y así presentarse como sabio. La palabra hebrea "Cohélet" significa "aquel que reúne o convoca". El libro empieza con la conocida frase: "¡Vanidad de vanidades, todo es vanidad!". El término utilizado por el autor en el texto hebreo que se suele traducir por "vanidad" quiere decir simplemente "soplo o vapor". Su uso por tanto quiere indicar la caducidad de la vida humana y de todo lo que circunda al hombre en el mundo, que es fugaz como un soplo, pasa, "se evapora". Una generación sucede a la otra "bajo el sol", es decir, sobre la tierra.

A continuación Cohélet habla de diversos aspectos de la vida cotidiana del hombre o de la mujer. El sol nace y el sol se pone, el viento sopla en diversas direcciones, los ríos fluyen en dirección al mar sin jamás llenarlo, el ojo no se cansa de ver y el oído de oír. No hay nada nuevo bajo el sol (1:9). Aun cuando algo parece ser nuevo, poco tiempo después uno se da cuenta de que ya había existido anteriormente. Después de mucho investigar, el Cohélet concluye que todo sobre la tierra es como un soplo. Lo torcido no puede hacerse derecho y lo que falta no se puede contar. En dónde abunda la sabiduría, abundan las penas.

En el capítulo 2, Cohélet enumera una serie de obras y experiencias que muestran las obras de Salomón, según el relato de 1 Reyes 4-11. Él ha experimentado placer, risas, vino, construir grandes edificios, plantar viñas, jardines, parques y árboles frutales. Adquirió siervos y siervas, se hizo dueño de grandes rebaños de bueyes y ovejas. Acumuló toda suerte de tesoros, pero pronto se dio cuenta de que todo no era más que un soplo. Aun un rey que sucede a otro puede hacer solo lo que ya había sido hecho anteriormente.

Un rey sabio puede ver lo que los necios que caminan en la oscuridad no consiguen, pero al final ambos mueren. Ante el panorama de la fugacidad de las cosas y de la vida, el Cohélet llega a afirmar haber aborrecido su misma vida. Aún el rey tendrá que dejar el fruto de sus trabajos al que le sucederá, sea este sabio o necio. No obstante toda su sabiduría, conocimiento y habilidad, su legado terminará en las manos de uno que no ha trabajado para conquistarlo. Y se pregunta: ¿qué beneficio obtienen los seres humanos con todos sus trabajos y ansiedades? Día y noche, alegrías y penas, envuelven la vida de los hombres.

No obstante su escepticismo, el rey no rechaza la vida completamente. Comer, beber y adquirir buenas cosas del propio trabajo son bienes para el hombre. Son una dádiva divina. Dios es quien dona sabiduría, conocimiento y alegría para el bueno, mientras los que desagradan a Dios, se afanan para luego dejar todo a los que agradan a Dios. Esto es también soplo.

Capítulo 3: Un tiempo para cada cosa

Valiéndose de catorce pares de conceptos con su opuesto, de forma rítmica, el autor habla de que hay un tiempo, dispuesto por Dios, para cada cosa. Hay un tiempo para nacer y uno para morir; tiempo para plantar y tiempo para cosechar; tiempo para herir y tiempo para curar; tiempo para romper y tiempo para construir; tiempo para llorar y tiempo para reír; tiempo para lamentarse y tiempo para danzar; etc. El autor se pregunta cuál es el bien que un trabajador alcanza con su trabajo. Los hombres recibieron el sentido del pasado y del futuro, pero no está a su alcance conocer completamente lo que Dios ha hecho. Lo que Dios hace dura por siempre y nadie puede añadir o quitar nada. No hay nada mejor para el hombre que ser feliz y hacer el bien durante su vida.

Existe la maldad en el mundo, aun en lugares en donde uno esperaría la justicia. Tanto los hombres como los animales tienen como destino el polvo.

Nadie sabe la dirección que toma el aliento del hombre o el de los animales, si acaso uno sale hacia el cielo y el otro baja a la tierra. Los seres humanos no tienen nada mejor que disfrutar que su trabajo.

Preguntas de repaso

1. ¿Qué quiere decir Cohélet cuando habla de "vanidad de vanidades"?
2. ¿Qué conclusiones saca el Cohélet sobre los que buscan sacar el mayor provecho de lo que hacen?
3. ¿Qué afirma el Cohélet desde el punto de vista de la fe cuando dice que "hay un tiempo para cada cosa bajo el sol?

Oración final (ver página 15)

Hacer la oración final ahora o después de la *Lectio divina*.

Lectio divina (ver página 8)

Relaja tu cuerpo y mantén una postura de oración –espalda recta, ojos cerrados, pies en el piso–. Puedes tomar todo el tiempo que desees para hacer este ejercicio; sin embargo, para los fines de este Estudio Bíblico, de 10 a 20 minutos es suficiente.

Las meditaciones que se ofrecen a continuación tienen como fin ayudar a los participantes a familiarizarse con esta forma de oración; sin embargo, se debe tener en cuenta que la *Lectio divina* trata de llevar a la persona a la contemplación orante, esto es, a una contemplación más profunda donde la Palabra de Dios le habla al corazón. Para llegar a esto último, puede necesitarse más tiempo. Si deseas más información, ve a la página 8.

Vanidad de vanidades (Ecl 1—2)

La reflexión del Eclesiastés parece agotar toda esperanza, ponderando la fugacidad del mundo y de la vida. A su tiempo aún no se afirmaba en el Judaísmo la creencia en la vida después de la muerte. Si una vez que el hombre muere, todo se acaba, realmente todo es vano. En este sentido su reflexión es valiosa. En los siglos que siguen al Cohélet, se llegará a afirmar en el Judaísmo la creencia en la vida después de la muerte; pero será el evento de la resurrección de Jesús la palabra decisiva sobre esta realidad en la que creemos y que es fuente de gran consuelo, esperanza y alegría para nosotros (cf. 1 Cor 15:16).

✠ ¿Qué más podemos aprender de este pasaje?

Un tiempo para cada cosa (Ecl 3)

Con gran agudeza el Eclesiastés afirma la realidad de que hay un tiempo para cada cosa bajo el sol. Una ley que el hombre debe respetar. Es una ley que habla de gradualidad, de orden, de progresión. Una realidad que envuelve el vivir humano e invita a una honda reflexión. Nuestro mundo parece olvidar esta importante enseñanza y por eso a menudo las personas sufren tanto estrés y angustias.

✠ ¿Qué más podemos aprender de este pasaje?

PARTE 2: ESTUDIO INDIVIDUAL (ECL 4—12; CANT 1—8)

Día 1: Ganancias y pérdidas (Ecl 4—6:9)

A continuación el Cohélet presenta una serie de máximas, que ilustran la fugacidad de la vida. Afirma que los fallecidos y los que todavía no han nacido, se encuentran en una situación mejor, porque no tienen que atestiguar al mal que tiene lugar bajo el sol. Se da cuenta de la vanidad de la soledad de los que no tienen familia, de los que trabajan sin cesar y de los que no encuentran placer en la riqueza. "Dos es mejor que uno", porque aquellos reciben un buen sueldo por su trabajo, se ayudan mutuamente cuando uno cae, se calientan durmiendo juntos y son capaces de resistir juntos las dificultades.

En el capítulo 5 el Cohélet advierte sobre hacer promesas precipitadas a Dios. Cuando alguien hace un voto al Señor, lo debe cumplir puntualmente. Es mejor no hacer un voto que hacerlo y luego no cumplirlo. En todas las situaciones, buenas o malas, uno debe mantenerse en actitud de reverencia para con Dios. Al ver una persona arrogante que oprime al pobre, uno no debe sorprenderse, pues un oficial arrogante tiene alguien superior a él y sobre aquella persona otro todavía de mayor rango. Los que codician las riquezas jamás se sacian. Los trabajadores pueden dormir en paz; los bienes del rico le quitan incluso el sueño. Riquezas acumuladas muchas veces conducen a la ruina. Cuando un rico pierde sus bienes en alguna adversidad, ya no tiene con qué proveer a sus hijos. También el rico salió desnudo del vientre de su madre y dejará este mundo desnudo. Sus días se pasan en el temor de la muerte.

En el capítulo 6 Cohélet declara haber visto la situación de uno rico en bienes, propiedades, honor, hijos y larga vida, que no fue capaz de disfrutarlos. Un niño nacido muerto y dejado sin sepultura está en mejor situación que dicha persona. Al final, no importa cuánto viva una persona rica y preocupada, pues tendrá el mismo destino que un nacido muerto. "Todo el mundo se fatiga para comer y a pesar de todo su apetito no se sacia" (Ecl 6:7). El beneficio tanto del que tiene como del que tiene poco, es disfrutar lo que tiene.

Lectio divina

Pasa de 8 a 10 minutos en contemplación silenciosa del siguiente pasaje:

Para muchas personas acumular riquezas es el fin de su vida. Un acumular lleno de fatigas, preocupaciones y angustias, y la vida que se les va sin aprovecharla y además poniendo en riesgo la propia salvación eterna. "¿Qué aprovecha al hombre ganar el mundo entero si se pierde o se malogra él?", dirá Jesús (cf. Lc 9:25). La sabiduría divina enseña el camino de la vida en plenitud ya en este mundo.

✠ ¿Qué más podemos aprender de este pasaje?

Día 2: Conclusiones del Cohélet (Ecl 6:10—8:17)

Los mortales no pueden luchar contra uno que es más fuerte que ellos, es decir, Dios. ¿Quién puede decirles a los mortales lo que es bueno, cuya vida pasa como una sombra? ¿Quién le puede decir lo que sigue? A continuación el Cohélet enumera una serie de afirmaciones del tipo "es mejor esto que aquello", como las que encontramos en los Proverbios. Su intención es poner a prueba muchos dichos y máximas consideradas sabias. Su lista incluye buenos y malos proverbios. Un buen nombre es mejor que suaves perfumes; es mejor el día de la muerte que el del nacimiento; el duelo que la fiesta; el llanto que la risa; el final de una cosa que su comienzo; y un espíritu paciente que uno orgulloso. Es bueno poseer la sabiduría y provechosa para los que viven bajo el sol. La sabiduría debe ser custodiada como un tesoro; esta regala vida a los que la poseen.

Considera lo creado y se pregunta cómo puede uno hacer derecho lo que Dios ha hecho torcido. La sabiduría, a final de cuentas, es disfrutar de las cosas buenas durante los días buenos y reflexionar y aprender en los días malos. Dios ha hecho tanto el día bueno como el malo, para que el hombre no descubra su porvenir. En su fugaz vivir, Cohélet afirma haber visto honrados perecer en su honradez y malvados envejecer en su maldad. El temeroso de Dios en todo sale bien parado. La sabiduría hace al hombre más fuerte que diez poderosos de una ciudad. Dios hizo al hombre sencillo, pero este se complicó con tantos razonamientos (Ecl 7:29).

En el capítulo 8 Cohélet alaba al sabio que puede explicar muchas cosas. Pero también el sabio debe obedecer al rey. No importa cuán sabia sea una persona, esta será siempre limitada porque ignorará su propio juicio y el día de su muerte. El progreso y bienestar del malvado es un gran enigma para Cohélet, mientras los que obran justamente son olvidados. Pero a la vez está seguro de que, para los que temen al Señor, todo al final irá bien. Cohélet ve la vanidad del buen y mal obrar sobre la tierra. Muchos justos son tratados como si hubiesen hecho el mal y lo contrario es también cierto. Y reafirmando que no hay nada mejor para el hombre en esta vida que comer, beber y alegrarse, concluye diciendo que nadie puede decir conocer el obrar de Dios bajo el sol.

Lectio divina

Pasa de 8 a 10 minutos en contemplación silenciosa del siguiente pasaje:

"No hay nadie tan honrado en la tierra que haga el bien sin nunca pecar" (Ecl 7:20). En su ponderada reflexión sobre la realidad del mundo y del hombre, Cohélet afirma esta verdad fundamental. Todos los hombres pecan y son pasibles de errores, fragilidades y miserias, aun los más buenos y llenos en virtud. A Dios le agrada sobre todo el corazón humilde y pobre, siempre abierto a acoger su misericordia.

✠   ¿Qué más podemos aprender de este pasaje?

Día 3: Nadie conoce el futuro (Ecl 9—12)

Cohélet se esfuerza por comprender los planes de Dios. Sea uno bueno o malo, puro o impuro, fiel en sus prácticas o inconstante: todos al final mueren. Los que viven son conscientes de que algún día morirán, pero los muertos ya no tienen conocimiento sobre lo que sucede bajo el sol. Por eso los vivos deben disfrutar de su pan y de su vino, vestirse bien y perfumarse, mientras hacen el bien bajo el sol. Como un pez en una red o un pájaro en una trampa, los hombres todos serán algún día presa de la muerte. El Cohélet transmite su siguiente enseñanza casi en forma de parábola. Un rey pone cerco a una pequeña ciudad. En esta vive un sabio que la podría salvar, pero nadie lo escucha, porque es de clase baja. El pueblo oirá más bien las necias palabras del gobernante. Y afirma: la sabiduría es más poderosa que la guerra, pero un necio puede hacer que el pueblo no escuche su voz.

En los capítulos 10 a 12:8, el Eclesiastés enumera una serie de máximas breves sobre temas variados de la vida humana: el obrar del sabio y del necio, la autoridad, el comercio, la cosecha, la juventud y la vejez. "Acuérdate de tu Creador en tus días mozos", dice el Cohélet (12:1). Muchos comentadores ven el capítulo 12 como una alegoría del envejecimiento, mientras otros lo ven como una imagen escatológica de la caducidad de la creación. Todo lo que se hace polvo retorna a la tierra –alusión a la fugacidad de la vida humana– y el aliento de vida retorna a Dios (cf. Gn 2:7).

En el epílogo del libro, un redactor posterior anota que el Cohélet fue un hombre sabio que estudió, examinó, compuso y ordenó muchos proverbios, trasmitiendo todo con exactitud. Las palabras de los sabios son como aguijadas o estacas puestas por un pastor para guiar a su rebaño. Y concluye invitando al temor de Dios y al discernimiento.

Lectio divina

Pasa de 8 a 10 minutos en contemplación silenciosa del siguiente pasaje:

La obra del Cohélet es un hermoso testimonio de cómo una persona de fe, haciendo una reflexión racional sobre la realidad que le circunda, puede sacar abundantes enseñanzas para la propia vida. Vivimos en un mundo en el que todo sucede muy rápido y en el que recibimos todos los días una avalancha de información. Con tantos datos, corremos el riesgo de sufrir una "indigestión del discernimiento". La literatura sapiencial es una reflexión serena y ponderada en la fe, que nos hace disponibles a las luces de lo alto, por medio de la acción del Espíritu Santo.

✠ ¿Qué más podemos aprender de este pasaje?

Día 4: Las palabras de los amantes (Cant 1—5:1)

La expresión superlativa de "Cantar de los Cantares", con la que el autor abre su obra, quiere decir que el contenido y el tema de dicho canto son superiores a todo demás. Aunque recurre de nuevo a una referencia a Salomón, este escrito es considerado de origen muy posterior a la muerte del sabio rey, seguramente pertenece al período post-exílico (aunque algunas partes podrían ser más antiguas). El Cantar se presenta como una colección de poemas de amor. Este alaba el esplendor del amor conyugal y de la sexualidad humana, con expresiones incluso eróticas. La voz principal es la de la novia, mientras a veces se habla del novio como pastor o como rey.

El cántico se abre con la voz de la esposa. "Bésame con los besos de tu boca", declara, "pues tus besos son mejores que el vino". Esta frase es un juego de palabras en hebreo. En textos antiguos, la expresión "beber vino" se usa frecuentemente para hablar del acto conyugal (cf. Prov 7:18). A continuación, el autor juega con los términos "nombre" y "perfume", que en hebreo forman una asonancia, diciendo que el nombre del amante es como un perfume seductor para la amada. La mujer se refiere al hombre como un rey que la llevó al interior de su alcoba. El término "rey" puede referirse de hecho a un rey o bien a alguien que la muchacha admira como si fuera un rey.

De forma cortés, la novia invita a sus damas de compañía a que se le unan en la alabanza a su amado. Hablando en primera persona, se dirige a ellas como "hijas de Jerusalén", diciéndoles que ella es morena y bella, comparando el color de su piel con el de las tiendas del desierto hechas de piel. Dice que su color moreno se debe al sol porque estuvo cuidando la viña de sus hermanos ("mi viña" puede ser aquí una referencia a ella misma).

En el v.7 empieza el primer diálogo entre los amantes (1:7 – 2:7). La amada se dirige a su amado como "pastor", que es una expresión muy usual en el Oriente

Antiguo para referirse a los reyes. Desea saber en dónde pastorea y cuándo descansa. El novio empieza a hablar en el v.8 (de forma indirecta a través del coro). Le es dicho a la novia que siga las huellas del rebaño. Compara sus atavíos con los del carro real del Faraón. Habla de la belleza de su rostro y de su cuello.

El versículo 12 comienza con otro diálogo de los amantes. La amada habla de sus perfumes y del dulce olor de su amado cuando este la tiene en sus brazos. El novio expresa en una exclamación cuánto admira la belleza de su amada y lo mismo hace la novia en relación con la belleza de su amado. El capítulo termina con una nota de la novia hablando de su tálamo y de la firmeza de su morada.

Al inicio del capítulo 2, la novia se compara a sí misma con un narciso y una azucena, a lo que el novio replica: "Como azucena entre cardos es mi amada entre las mozas" (v.3). Ella sigue comparando la fragancia de aquel con la un manzano en medio a otros árboles, bajo cuya sombra ella se sienta y a la vez goza de su fruto. "Enferma de amor", la novia habla de la seducción del amado hasta tenerla en brazos. El versículo 7 concluye el primer poema del libro con una petición de la novia a las "hijas de Jerusalén", sus doncellas, de que no hagan ruido y despierten a su amado, perturbando su descanso.

La siguiente sección (2:8-17) es una descripción hecha por la novia de la visita que le hizo su amado durante la primavera. Esta lo dibuja como una gacela o un cervatillo que viene a su encuentro de prisa por los verdes montes y le invita a venir a su encuentro. Sigue una hermosa descripción de la naturaleza durante aquella estación con un lenguaje evocativo y lleno de simbolismo con el cual el poeta habla del clima, las plantas y los animales durante la primavera. Enamorada la joven exclama bellamente: "Mi amado es mío y yo de mi amado" (v.16).

En el capítulo 3 la novia, en su lecho nocturno, añora a su amado y, levantándose, va a buscarlo a la ciudad. Al encontrarlo, lo toma y no quiere dejarlo ir; lo lleva a una habitación en la casa de su madre. Dichas expresiones manifiestan, por una parte, la pasión y el enamoramiento de la joven y, por otra, la aceptación y acogida del novio de parte de la madre. La sección 3:6-11, forma una unidad aparte, con la voz del poeta, que habla del rey Salomón volviendo del desierto en su suntuosa litera, escoltado y coronado con una diadema, que fue regalo de su madre el día de su boda. Dicho día es llamado "el gozo de su corazón".

En 4:1-5:1 tiene lugar un nuevo diálogo entre los amantes. El primero en hablar es el novio quien, usando un lenguaje metafórico, alaba el cuerpo de la novia en sus diversas partes: ojos, cabellos, dientes, labios, boca, cuello y senos. En 4:7 exclama apasionado: "¡Toda hermosa eres amor mío, no hay defecto en ti!". El novio sigue hablando hasta el versículo 16, manifestando ahora su admiración por la persona de la amada, a la cual llama "hermana mía", lo cual es un término afectuoso para referirse a la novia. Canta al amor, al gozo y al placer que siente al estar con ella. De pronto, irrumpe la voz de la novia invitándolo a "venir a su jardín". Él acepta su invitación.

Lectio divina

Pasa de 8 a 10 minutos en contemplación silenciosa del siguiente pasaje:

El Cantar de los Cantares, con su lenguaje lleno de poesía y belleza, exalta y alaba el amor humano esponsal. Es una invitación a admirar una realidad querida por Dios en todas sus dimensiones y que, por desgracia, se encuentra muy banalizada en nuestros días. La intimidad y sacralidad del amor esponsal en el vínculo del matrimonio es "sacramento" del amor y de la unión de Cristo con su Iglesia. Nos recuerda la profunda unión e intimidad que Dios quiere tener con cada persona humana.

✠ ¿Qué más podemos aprender de este pasaje?

Día 5: Las hijas de Jerusalén (Cant 5:2 — 8)

Al igual que en 3:1-5, en estos versículos la amada busca al amado. Ella dormía y el amado ha llamado a su puerta, con la cabeza cubierta con el rocío de la noche. Ella vacila en abrirle y, al hacerlo, el novio ya se ha ido. Angustiada, sale por las calles preguntando a todos si han visto a su amado. Pide a las hijas de Jerusalén que le digan a su amado, en caso de que lo vean, que está enferma de amor. Estas le preguntan por las características de su amado. Del v.10 al 16, es ahora la joven quien describe a su amado usando diversas metáforas. La sección se concluye con una afirmación de la novia de que el amado no se ha perdido, en todo caso, siente como si se hubiera alejado de ella; pero al final insiste: "Mi amado es mío y yo de mi amado" (6:3).

En el versículo 4 el novio toma de nuevo la palabra para hablar de forma poética de la belleza de su amada. Doncellas, reinas y concubinas elogian su hermosura (v. 18). La sección final del capítulo es de significado incierto. El capítulo 7 se abre con un coro que pide a la novia dance para hacer ver su belleza. Como con un arrebato de pasión del versículo 2 al versículo 10 canta el amante a la seductora belleza física de su amada. El versículo 10 es interrumpido por la voz de la novia, la cual se ha percatado de que es deseada por su amado. Con una serie de imágenes, el poeta habla de la intimidad que la novia desea tener con su amado. La sección se concluye con la voz del amado pidiendo a las hijas de Jerusalén que no molesten a la esposa mientras descansa.

El autor concluye su libro con los versículos 5-7 del capítulo octavo, en el cual, por boca de la novia, afirma la fuerza de la pasión y el valor del amor humano esponsal. Los vv. 8 a 14 parecen ser adiciones posteriores, de significado un tanto oscuro, a los cuales se han dado diversas interpretaciones.

Lectio divina

Pasa de 8 a 10 minutos en contemplación silenciosa del siguiente pasaje:

En Cantar de los Cantares 8:6 la novia pide a su amado que la tenga como un sello sobre su brazo y sobre su corazón, una forma de pedir que tenga presente su recuerdo constantemente. El verdadero amor exige un compromiso total con la persona amada. En Isaías 49:16 el Señor, hablando de Jerusalén, dice que la lleva tatuada sobre sus manos. Tiene siempre presentes sus necesidades y problemas. El amor divino es modelo y fuente del genuino y auténtico amor humano.

✠ ¿Qué más podemos aprender de este pasaje?

Preguntas de repaso

1. ¿Cuál crees que sea la principal enseñanza del libro del Eclesiastés?

2. ¿Qué dice el redactor de los versículos finales del Eclesiastés sobre la persona y la obra del Cohélet?

3. ¿Qué nos trasmite el Cantar de los Cantares sobre el cuerpo y el papel que juega en la dinámica del amor humano?

El libro de la Sabiduría

Pero tú, Dios nuestro, eres bueno y fiel, eres paciente y todo lo gobiernas con misericordia (Sab 15:1)

Oración inicial (ver página 14)

Contexto

Parte 1: Sabiduría 1—3:12 El libro de la Sabiduría fue escrito en griego cerca de cincuenta años antes de Cristo, durante un periodo de agitación interna en Judea. El autor muestra gran familiaridad con la tradición bíblica anterior y busca iluminar y apoyar a los que permanecen fieles a Dios. Los capítulos 1—3:12 hablan de la recompensa de la virtud.

Parte 2: Sabiduría 3:13—19 Estos capítulos ofrecen máximas sapienciales sobre la misericordia de Dios, los falsos cultos y una reflexión sobre las bendiciones pasadas de Dios al pueblo de Israel.

PARTE 1: ESTUDIO EN GRUPO (SAB 1—3:12)

Leer en voz alta Sabiduría 1—3:12.

1—2 Inmortalidad

El autor del libro de la Sabiduría exhorta a los gobernantes –reyes y jueces– a vivir de manera virtuosa, buscando sinceramente el bien que viene de Dios. Aquellos que buscan poner a Dios a prueba, se separan de él y demuestran carecer de sabiduría. La sabiduría es amable y no tolera a los que blasfeman. Dios, que todo lo ve y todo lo oye, conoce totalmente los pensamientos del impío y no dejará impune sus blasfemias.

A continuación el autor urge a sus lectores a no elegir la muerte con su forma de vivir ni a atraer sobre si la destrucción por sus obras, pues Dios no se alegra con la destrucción de los vivientes y todo lo hizo para que subsistiera (vv.13-14), y no es el "abismo" (Hades o Sheol, es decir, el reino de la muerte) el que reina sobre la tierra. La justicia, es decir, el obrar virtuoso, conduce a la inmortalidad entendida como don gratuito de una vida sin fin con Dios. El impío entra en alianza con la muerte y se hace su amigo con sus palabras y obras. Su tiempo de vida pasará como sombra y a su muerte, su nombre ya no será recordado. El impío cree que todo termina con la muerte y por eso se dedica a una vida de desenfrenos.

El justo se convierte en un reproche viviente para el infiel, que peca sin cesar contra la ley de Dios. Dado que el justo afirma conocer a Dios y se llama a sí mismo hijo de Dios, el impío toma eso como una reprimenda a su comportamiento. En su rabia, el malvado planea ponerle trampas al justo y pruebas a su paciencia, por medio de insultos y hasta de violencia. Maquinan incluso darle muerte infame, para que demuestre la autenticidad de su obrar. Para el autor, los impíos son como ciegos, que desconocen los planes de Dios, que recompensa la justicia con la inmortalidad. El Señor hizo a los seres humanos a su imagen, destinados a la vida y fue por envidia del diablo que la muerte entró en el mundo (cf. Gn 3:1-24).

3:1-12 La suerte de los justos y de los impíos

El autor alaba al justo, diciendo que su vida está en las manos de Dios y ningún tormento lo alcanzará. A los ojos del necio, su muerte aparece como castigo y destrucción, pero en realidad ellos están en paz y su esperanza está llena de inmortalidad. Su sufrimiento no es castigo sino medio de purificación, como el oro en el crisol. El Señor les acepta como ofrenda sacrificial. En el momento del juicio, el justo brillará como chispas en el fuego. El que es fiel a su amor, comprenderá la verdad y vivirá con el Señor. Los impíos, sin embargo, que rechazan la virtud, recibirán justo castigo. Desdichado el que desprecia la sabiduría y la educación, "vana es su esperanza, baldíos sus esfuerzos e inútiles sus obras" (v.11).

Preguntas de repaso

1. ¿Qué dicen los primeros capítulos de la Sabiduría sobre la inmortalidad?
2. ¿Cómo interpreta el impío el sufrimiento del justo?
3. ¿Qué premios reserva Dios a la vida justa y qué suerte está reservada a la impiedad?

Oración final (ver página 15)

Hacer la oración final ahora o después de la *Lectio divina*.

Lectio divina (ver página 8)

Relaja tu cuerpo y mantén una postura de oración –espalda recta, ojos cerrados, pies en el piso–. Puedes tomar todo el tiempo que desees para hacer este ejercicio; sin embargo, para los fines de este Estudio Bíblico, de 10 a 20 minutos es suficiente.

Las meditaciones que se ofrecen a continuación tienen como fin ayudar a los participantes a familiarizarse con esta forma de oración; sin embargo, se debe tener en cuenta que la *Lectio divina* trata de llevar a la persona a la contemplación orante, esto es, a una contemplación más profunda donde la Palabra de Dios le habla al corazón. Para llegar a esto último, puede necesitarse más tiempo. Si deseas más información, ve a la página 8.

Inmortalidad (Sab 1—2)

El libro de la Sabiduría afirma con convicción la estupenda vocación del ser humano: "Dios creó al hombre para la inmortalidad" (Sab 2:23). No es el reino de la muerte el que impera en el mundo. "las criaturas del mundo son saludables, no hay en ellas veneno de muerte" (Sab 1:14). Todo nos debe ayudar a la plena realización del plan de Dios sobre nosotros.

✠ ¿Qué más podemos aprender de este pasaje?

La suerte del justo y del impío (Sab 3:1-12)

El libro de la Sabiduría ofrece una valiosa contribución sobre un tema muy importante del Antiguo Testamento: el sufrimiento del justo. La vida virtuosa también implica el sufrimiento. El sufrimiento del justo no es castigo, sino purificación. Como el oro es purificado en el fuego y se hace aún más precioso, así el justo se purifica en el crisol de sus sufrimientos. La vida del justo está en manos de Dios. "Tras pequeñas correcciones, recibirán grandes beneficios" (Sab 3:5).

✠ ¿Qué más podemos aprender de este pasaje?

PARTE 2: ESTUDIO INDIVIDUAL (SAB 3:13—19)

Día 1: El juicio del impío (Sab 3:13—6:21)

El capítulo 3 afirma que la estéril es dichosa, siempre y cuando no haya manchado el lecho nupcial; el eunuco también es dichoso, si no ha actuado perversamente, pues ambos recibirán a su tiempo la recompensa de los justos. El final de la gente perversa siempre es triste. En el capítulo 4, el autor afirma que más vale no tener hijos, sino tener virtud, pues su recompensa es la inmortalidad. La memoria del virtuoso también es inmortal, pues lo recuerdan tanto Dios como los hombres. Los hijos de los impíos suelen seguir sus huellas y su comportamiento es una acusación contra sus propios padres.

Dado que la sabiduría no depende de tener el pelo gris, sino de llevar una vida alejada del pecado, el justo puede poseerla, aunque muera joven. Algunos justos que viven en medio de pecadores, son recogidos por el Señor para que no sean seducidos por la vida pecaminosa. A los ojos del impío la muerte prematura del justo es incluso motivo de desprecio. Pero hasta el Señor se "mofará" de ellos cuando asustados se presenten ante él para dar cuenta de sus pecados.

En el capítulo 5, el autor afirma que el impío al morir se maravillará de la suerte de los justos y se dará cuenta de su gran necedad al haberse burlado de ellos. Mirando hacia atrás, se darán cuenta de lo vano que fue su orgullo. Su vida pasó como paja al viento, como nieve fina, como humo. El justo vivirá para siempre bajo la protección del Altísimo. A continuación, el autor habla del Señor como si fuera un guerrero que se arma para la batalla –con la armadura del celo, la coraza de la justicia, el casco del juicio y el escudo de la santidad– y que arma a la creación para vengarse de sus enemigos. El universo se unirá al Señor en batalla, con sus truenos y rayos, y el impío quedará sobrecogido por la violencia de sus calamidades.

En el capítulo 6, el autor invita a los reyes y jueces a darse cuenta de que su autoridad viene del Señor que examinará sus obras y juicios. El Señor actuará con presteza contra los que no juzguen con equidad y conforme a la ley. Fue el Señor quien hizo al rico y al pobre, y a todos examina. Que los poderosos aprendan la sabiduría para no caer. Los que observan la ley serán justos. La sabiduría se da a conocer a los que la desean y los que la desean serán libres. Observar sus leyes es el fundamento de la incorruptibilidad y de la inmortalidad. El capítulo se concluye con un anuncio del sabio rey, de que explicará la esencia y el origen de la sabiduría.

Lectio divina

Pasa de 8 a 10 minutos en contemplación silenciosa del siguiente pasaje:

En Sabiduría 5:7, el autor presenta el drama que viven los que siguen el camino de la impiedad: "Nos cansamos de andar por sendas de maldad y perdición, atravesamos desiertos intransitables, pero no reconocimos el camino del Señor". El gran peligro de la lejanía de Dios es el endurecimiento del corazón. Es camino de muerte. "Los justos, en cambio, viven para siempre; encuentran su recompensa en el Señor y el Altísimo cuida de ellos" (v.15).

✠ ¿Qué más podemos aprender de este pasaje?

Día 2: La sabiduría de Salomón (Sab 6:22—11:1)

En la siguiente sección, el autor presenta un discurso en primera persona como si hablara el sabio rey Salomón. El discurso habla sobre la esencia y el origen de la sabiduría. Para facilitar el desarrollo de las anotaciones en esta sección, estas son presentadas con referencia a Salomón. Su intención es rastrear el origen de la sabiduría y revelar el modo de conocerla y obtenerla, dado que una muchedumbre de sabios es salvación para el mundo y un gobernante prudente, fuente de bienestar para el pueblo (Sab 6:24).

En la sección de 7—8:1, Salomón comienza afirmando que, aunque él es rey, sin embargo también es mortal como todos los demás hombres. El recibió la prudencia y el espíritu de sabiduría como fruto de sus oraciones. Prefirió la sabiduría más que a su mismo cargo como rey y la consideró el más precioso de los bienes. Alcanzó la sabiduría y con ella todos los bienes que esta trae consigo.

Salomón compartió las riquezas de la sabiduría con otros, sabiendo que los que la acogen alcanzan la amistad con Dios. Todo el conocimiento y discernimiento que posee, Salomón confiesa haberlos recibido de Dios. Y Dios le ha concedido conocer muchas cosas sobre el universo, las constelaciones, los ciclos de la naturaleza y los fenómenos naturales, la constitución de los seres vivos, el modo de pensar de los seres humanos y tantos otros conocimientos ocultos o patentes. Afirma que la sabiduría es un espíritu inteligente, santo, único y con muchos otros atributos. Está más allá del movimiento y penetra todas las cosas. Es un soplo de Dios, una emanación y reflejo de su gloria. Puede hacer todas las cosas y todas las renueva, forma a los amigos de Dios y a profetas en cada época. Es más brillante que cualquier luz. Mientras la oscuridad puede superar la luz, la maldad nunca supera la sabiduría. Está presente en todas partes y todo gobierna con su poder.

En el capítulo 8, Salomón expresa todo el amor que ha tenido por la sabiduría desde su juventud y declara que ha querido tenerla como esposa. El mismo Señor de todo la amó. Ella enseña los grandes dones de la vida como la moderación, la prudencia, la justicia y la fortaleza. Ella conoce y entiende todas las cosas. Gracias a la sabiduría, Salomón posee una mejor manera de juzgar y todos permanecen en silencio ante sus juicios. Los tiranos lo temen. Vivir con la sabiduría no implica amargura ni pena, sino alegría y felicidad. Sabiendo que tantos dones residen en la sabiduría, Salomón anheló poseerla como propia. Pero, consciente de que nadie la puede poseer si Dios no la concede, la suplicó a Dios.

El capítulo 9 presenta una hermosa oración de Salomón suplicando la sabiduría. Se dirige al Señor como Dios de los padres y Señor de misericordia. Hace referencia al obrar de Dios en la creación, que todo lo ha hecho con sabiduría y pide que sea esta misma sabiduría la que le guíe en su obrar como rey. Y empezando en el capítulo 10, Salomón hablará de la acción de la sabiduría en la historia de Israel. Enumera cómo la sabiduría salvó al ser humano desde el comienzo de la humanidad, desde Adán hasta Moisés.

Lectio divina

Pasa de 8 a 10 minutos en contemplación silenciosa del siguiente pasaje:

"En la abundancia de sabios está la salvación del mundo" (Sab 6:24). La sabiduría, según el lenguaje bíblico, enseña al que la alcanza lo que es agradable a Dios en cada momento. Este don de lo alto lo debemos pedir con humildad al Espíritu Santo. Él es la fuente de la sabiduría. El mundo cambia cuando cambian las personas, cuando se adhieren con la ayuda de la gracia al proyecto divino, el único que dona paz y felicidad duraderas.

✠ ¿Qué más podemos aprender de este pasaje?

Día 3: La Providencia de Dios durante el Éxodo (Sab 11:2—12:27)

La siguiente sección trata de la acción providente de Dios en el camino del Pueblo por el desierto durante la salida de Egipto. En su sed, el Señor les dio de beber de la roca. Se beneficiaron con acciones que a la vez castigaban a sus enemigos. Las reflexiones que siguen se desarrollan por medio de antítesis y contrastes.

El primer beneficio se refiere al agua. Después de trasformar el agua del Nilo en sangre como represalia por la muerte de los niños, el Señor regaló abundante agua cristalina a los israelitas en el desierto. Pero antes de que recibieran este don, el Señor los probó permitiendo que experimentasen mucha sed. Los egipcios supieron que los israelitas se habían beneficiado con el tormento que ellos habían sufrido. El Señor hizo que los israelitas partieran de Egipto por en medio de las aguas del Mar Rojo y más tarde sació su sed en el desierto. Como castigo por el culto insensato a serpientes e insectos, el Señor envió a estos mismos animales a Egipto. El Creador del universo podría haberles enviado creaturas más feroces como osos o leones u otras bestias salvajes, que los habrían atemorizado hasta la muerte; pero su castigo no era para destrucción, sino una corrección del Todopoderoso.

En el capítulo 12, Salomón reflexiona sobre el obrar de Dios respecto a los antiguos pueblos de Canaán, cuya tierra quiso dar a su pueblo Israel. El Señor los aborreció por sus acciones abominables, sus ritos mágicos y sacrílegos, que incluían la muerte de niños inocentes y banquetes de carne humana. A estos el Señor los eliminó de la tierra para preparar un lugar adecuado a sus hijos; pero no lo hizo todo de una vez, sino gradualmente, con el fin de darles oportunidad de cambiar y arrepentirse. En los versículos 12 al 18, el autor presenta los motivos del proceder de Dios. El obrar de Dios es una enseñanza al pueblo de Israel, sobre el modo como debería proceder, recordando la bondad de Dios al juzgar y así esperar misericordia al ser juzgados (v.22).

Lectio divina

Pasa de 8 a 10 minutos en contemplación silenciosa del siguiente pasaje:

"Actuando así, enseñaste a tu pueblo que el justo debe ser filántropo" escribe el autor del libro de la Sabiduría (12:19). Por medio de su Palabra, Dios ha ido educando al pueblo a tener un obrar justo. Su mismo obrar debería servir como modelo. También en sus correcciones, Dios manifestaba su amor al ser humano. El libro de la Sabiduría ofrece importantes criterios de lectura sobre la historia del Antiguo Testamento, que ayudan a mantener una correcta visión de Dios.

✠ ¿Qué más podemos aprender de este pasaje?

Día 4: Digresión sobre la idolatría (Sab 13—15:17)

En la sección que va del capítulo 13 a 15:17, el autor presenta una digresión sobre el tema de la idolatría (los cultos falsos). En 13:1–9, habla de los que contemplando las maravillas de la naturaleza, no llegaron a reconocer a su Autor. Consideraron el fuego, los vientos, el circuito de las estrellas, el poderío de las aguas, los luceros celestes, como dioses. Se quedaron en las obras del

Señor sin encontrarse con el Señor de las obras. Ponderando la magnificencia y poder de la creación, deberían haberse dado cuenta de cuán más poderoso es aquél que las hizo. Los que adoran a los ídolos son necios, pues consideran dioses a imágenes de animales, hechas de piedra, oro o plata. Describe en unos cuantos versículos el trabajo del carpintero, desde que corta el árbol hasta que talla la imagen de una divinidad.

En el capítulo 14, el autor utiliza la imagen de un frágil pedazo de madera –una barca– que lleva a una persona por un mar agitado. No es la calidad de la madera la que conserva vivo al tripulante, sino la providencia de Dios que le abre camino por entre las olas. Noé no tenía habilidades de constructor y, sin embargo, el Señor lo salvó del diluvio en una balsa (en el sentido de una frágil embarcación), pues esta era pilotada por su mano (v.6). En este contexto, el autor también recuerda el episodio de Génesis 6, sobre los "gigantes" que perecieron por el castigo de las olas. El Señor aborrece igualmente al impío y a la obra de su impiedad.

"La invención de los ídolos fue el comienzo de la infidelidad" continúa el autor (v.12). Y narra el proceso por el cual los ídolos vinieron a la existencia, los cuales entraron en el mundo por la vanidad humana (v. 14). Una vez formados, empieza el proceso de la idolatría, con sus prácticas, que se consolidan con el tiempo y se convierten en ley. Los mismos reyes se hicieron adorar y los que no podían venir en persona a darles culto, se valían de una imagen del mismo para adorarlos. "Y esto se convirtió en trampa para los vivientes" (v.21).

Del versículo 22 hasta el final del capítulo el autor enumera una serie de consecuencias derivadas del culto a los ídolos: sacrificio de inocentes, orgías y rituales extravagantes, que llevaban al adulterio; asesinatos, robos, corrupción, infidelidad, caos, engaño, confusión, ingratitud, lujuria y libertinaje. Encontrarán un justo castigo por sus mismas perversiones. En el capítulo 15, el autor alaba la bondad del Señor, que es lento a la ira y gobierna todo con misericordia. La persona justa reconocerá el poder de Dios como motivo de su inmortalidad y no se desviarán al culto idolátrico. Los enemigos que creen que los ídolos de sus naciones los protegerán y les darán la victoria en sus batallas son los más dignos de lástima. Ponen su confianza en meras imágenes que no pueden ver, oler, oír, tocar o caminar. No se dan cuenta de que su misma vida no depende de ellos, sino del aliento de Dios, que los hizo.

Lectio divina

Pasa de 8 a 10 minutos en contemplación silenciosa del siguiente pasaje:

La idolatría de la que habla el libro de la Sabiduría no es una realidad del pasado. En nuestros días quizás nadie adora ya una imagen de madera o de piedra, pero cuántos dan culto a la estética, a los bienes materiales, al placer o incluso a sus mascotas. Todo nos debe ayudar en nuestro caminar hacia Dios. El Reino de Cristo debe ser el reino de las personas libres de todo tipo de cadenas, las cuales viven en la verdadera libertad de los hijos de Dios, esto es, en la fe, la esperanza y el amor.

✠ ¿Qué más podemos aprender de este pasaje?

Día 5: Castigos y bendiciones (Sab 15:18—19:22)

Dios castigó a los egipcios, pero protegió a Israel. Los egipcios mostraron cuán aborrecibles se habían hecho adorando a animales repugnantes, por los cuales luego tantos perecieron (cf. Éx 10:1–20). Mientras un enjambre de insectos hizo que los egipcios perdieran el apetito por cualquier tipo de alimento, el Señor proveyó para su pueblo codornices en el desierto después de un corto periodo de hambre (cf. Éx 16:4–15).

Cuando los israelitas murmuraron contra Dios y contra Moisés en el desierto, el Señor envió serpientes venenosas que trajeron la muerte a muchos del pueblo. Pero al reconocer su culpa, el Señor indicó a Moisés un medio de curación, esto es, la serpiente de bronce (cf. Nm 21:4-9). Pero como afirma el autor del libro de la Sabiduría, la curación no venía por la serpiente de bronce en sí misma, sino por el Señor, que era quien curaba a los que la miraban.

Otro contraste es el del granizo y los truenos enviados sobre los egipcios. Cuando el Faraón se rehusó a dejar partir a los israelitas, el Señor envió rayos y granizo sobre ellos (cf. Éx 9:22-26). El Señor hizo llover para los israelitas el maná del cielo cuando estaban en el desierto, al cual el autor llama "manjar de los ángeles", que satisfacía todos los gustos (cf. Sab 16:20; Éx 16:4-9). El milagro del maná era que podía ser cocido en el horno, pero se derretía al calor de un tenue rayo del sol (v. 27). Con esto Dios quería enseñar a sus hijos que no era la variedad de frutos lo que alimenta el hombre, sino su palabra que mantiene a los que creen en él (v. 26).

En el capítulo 17, el autor habla de la novena plaga –la oscuridad– enviada por el Señor sobre Egipto (cf. Éx 10:21-23). Esta los asustó enormemente cuando no les permitía ver ni siquiera con antorchas. Su tormento se hizo todavía más grande al no saber la causa de dicha situación. Todo ruido, silbido, murmullo de las aguas, rocas que caían, gritos de los animales, aumentaban todavía más su angustia. El mundo entero resplandecía con luz radiante y seguía con sus quehaceres, mientras Egipto sufría con las penas de aquella tenebrosa atmósfera.

En el capítulo 18, el autor hace un contraste entre estas tinieblas y la gran luz que guiaba el camino de los israelitas. El libro del Éxodo habla de una columna de fuego que iluminaba el camino del pueblo escogido en su huida de Egipto (cf. Éx 13:21). Aunque no los podían ver, continúa el autor de la sabiduría, los podían oír y les estaban agradecidos por no haberles hecho ningún daño. A los que habían decretado matar a los "niños de los santos" (los varones recién nacidos de los israelitas), ordenando que fuesen lanzados al Nilo (cf. Éx 1:12 – 2:10), Dios los hizo perecer en las aguas impetuosas y les arrebató de golpe una muchedumbre de hijos. Por la resistencia del Faraón en dejar a los israelitas partir, el Señor envió al ángel exterminador, que dio muerte a todos los primogénitos de Egipto, mientras el pueblo escogido comía de prisa el cordero pascual, cuya sangre los protegía (cf. Éx 12). A continuación, el autor habla de una plaga que asoló a los israelitas en el desierto por su rebeldía (cf. Nm 17:11-15). De esta el Señor los libró por su Palabra. El capítulo se concluye con una referencia a las vestiduras del Sumo Sacerdote, que llevaba sobre sus hombros y sobre su pectoral, grabados sobre piedrecillas, los nombres de las doce tribus de Israel (cf. Éx 28).

El capítulo 19 discurre sobre el milagro del Mar Rojo. Los egipcios que inicialmente habían dejado partir a los israelitas, volvieron a endurecerse y salieron en su persecución. Mientras el pueblo escogido fue salvado por el poder del Señor que los hizo pasar a pie enjuto por en medio del mar, los perseguidores murieron ahogados. Egipto se había comportado en relación con Israel peor que los habitantes de Sodoma (cf. Gn 19:1-11). El contraste que el autor presenta con sus siete antítesis referentes a Egipto e Israel, no se aplica simplemente a las naciones en cuanto tales, sino más bien a estas como ejemplo de justicia o injusticia, de piedad o impiedad. Dios bendice al justo, pero castiga al impío que se resiste a cambiar. El autor concluye su escrito diciendo: "En todo, Señor, engrandeciste y glorificaste a tu pueblo, y no dejaste de asistirlo nunca y en ningún lugar" (Sab 19:22).

Lectio divina

Pasa de 8 a 10 minutos en contemplación silenciosa del siguiente pasaje:

El recuerdo de la acción de Dios en el pasado animaba a los israelitas a permanecer fieles en el presente. El libro de la Sabiduría es fruto de la reflexión de un creyente sobre el pasado de Israel y de la aplicación de dicha reflexión al momento presente. El contacto con la Palabra de Dios nos hace recordar en la fe la forma en que el Señor actuó con su pueblo en el pasado y su recuerdo orante nos anima a vivir el presente con confianza. Nuestro Dios camina con nosotros y sigue obrando.

✠ ¿Qué más podemos aprender de este pasaje?

Preguntas de repaso

1. ¿Por qué el autor de la Sabiduría considera que la vida justa es condición para alcanzar la inmortalidad?
2. ¿Cuál es la principal enseñanza de la oración de Salomón en Sabiduría 9?
3. ¿Qué enseñanzas sobre la Palabra de Dios ofrece el autor en sus antítesis?

El libro de la Sabiduría de Jesús Ben Sira o Eclesiástico

Toda sabiduría viene del Señor, y está con él por siempre (Eclo 1:1)

Oración inicial (ver página 14)

Contexto

Parte 1: Eclesiástico (1—4 Al final del libro de la Sabiduría de Ben Sira, conocemos el nombre de su autor "Yeshua Ben Eleazar Ben Sira", que traducido del hebreo significa: "Jesús, hijo de Eleazar, hijo de Sira". Ben Sira nutría un gran amor por la tradición sapiencial, la Ley, el sacerdocio, el Templo y el culto, como se hará patente por el estudio de este libro. Los capítulos iniciales tratan de la obediencia a los padres, de las relaciones con los demás y de la atención a los pobres y necesitados. El escrito se remonta al siglo II a.C. y su traducción griega, por obra del nieto de Ben Sira, se hizo hacia el 117 a.C. Este añadió un apéndice introductorio al libro, explicando cómo lo tradujo y publicó para los que deseaban vivir según la Ley.

Parte 2: Eclesiástico 5—51 El libro continúa con instrucciones morales, un elogio de los héroes de Israel y dos apéndices. El autor enumera una serie de proverbios, uno después de otro.

PARTE 1: ESTUDIO EN GRUPO (ECLO 1—4)

Leer en voz alta Eclesiástico 1—4.

1—2 El don divino de la Sabiduría

"Toda sabiduría viene del Señor y con él reside por siempre". Con estas palabras el autor abre su escrito, cuya sección inicial será una reflexión precisamente sobre la sabiduría. La sabiduría todo lo conoce sobre la creación de Dios y sobre ella misma. Ha sido creada por el Señor antes de todas las cosas, llena todas las obras de sus manos y se concede abundantemente a los que aman al Señor. Así como en otros libros de la tradición sapiencial, el autor afirma que el temor del Señor es el principio de la sabiduría. Los que lo practican son los que viven la verdadera religión, amando a Dios y observando su Ley.

El temor del Señor trae abundantes bendiciones de vida y alegría, aun en el día de la propia muerte. Aleja el pecado, ayuda a la persona a huir de la ira injusta y aporta paciencia. El camino para la sabiduría es observar los mandamientos del Señor. La sabiduría aborrece la hipocresía y la soberbia. Al orgulloso y al deshonesto que no practican el temor del Señor, el Señor los humilla delante de la asamblea (la comunidad cultual del Templo).

En el capítulo 2, Ben Sira alerta al justo porque en su vida tendrá que atravesar por diversas pruebas. A la vez lo anima a vivir con sincero corazón, evitando las acciones temerarias y la impaciencia en tiempos adversos. Como lo aseguran quienes han confiado en Dios en el pasado, los que temen al Señor deben vivir en la confianza para no perder su recompensa. El Señor actúa con compasión y misericordia, perdonando los pecados y protegiendo de los peligros. Los que temen al Señor, lo aman y observan sus mandamientos. Ben Sira anima al lector a ponerse totalmente en las manos de Dios y no en manos de los hombres.

3—4 Responsabilidades ante el Señor

Ben Sira ve a los padres como quienes poseen una gran autoridad en la familia por voluntad del Señor. Los que honran a sus padres tendrán sus pecados perdonados, encontraran alegría en sus hijos, sus oraciones serán escuchadas y vivirán una larga vida. Los que obedecen al Señor honran a su madre y sirven a sus padres como a sus señores. "la bendición del padre asegura la casa de sus hijos y la maldición de la madre arranca los cimientos" (3:9). El honor de un padre es la gloria de los hijos; pero el deshonor de una madre, su vergüenza. Y concluye la sección (vv. 1-16), aconsejando que se atienda con paciencia y bondad a los padres en su vejez. La compasión para con los padres repara los pecados. El abandono de los padres es como una blasfemia.

En la siguiente sección (vv. 17-29), Ben Sira se dirige a los hijos. En primer lugar les aconseja la humildad. Que no se pongan metas irrealistas y demasiado elevadas. Realismo. Debe ocuparse de lo que se le encomienda. Las especulaciones y falsas ilusiones han desviado a muchos. Un corazón obstinado se llena de fatigas, acumula pecados y termina mal. El hombre prudente y sabio escucha y medita los proverbios.

Empezando en los últimos versículos del capítulo 3 y continuando en 4:1–10, Ben Sira hablará sobre la caridad para con los pobres. Hay que estar atento a ellos, hay que procurar ayudarles en sus necesidades y defenderlos de la injusticia. Hay que ser como un padre para los huérfanos y como un esposo para las viudas. A partir de 4:11 el autor retoma el tema de la sabiduría. En primer lugar afirma que los que la aman serán probados pero si superan la prueba, caminarán por el sendero justo. El justo y su descendencia poseerán la sabiduría.

En 4:20-31, un padre da consejos a su hijo, lo cual es un recursos literario usado también en el libro de los Proverbios. En primer lugar le dice que debe permanecer vigilante en todo momento, temiendo el mal, huyendo de los favoritismos, compartiendo el conocimiento y hablando siempre la verdad. Si lucha por el derecho, aun a costa de su propia vida, el Señor dará la batalla por él. Que no sea soberbio ni perezoso ni sospechoso de sus siervos. Que tenga la mano abierta para dar.

Preguntas de repaso

1. ¿Por qué insiste el autor del Eclesiástico en el tema, propio de la tradición sapiencial, de que el temor del Señor es necesario para obtener la sabiduría?
2. ¿Qué dice Ben Sira sobre la confianza en Dios?
3. ¿Cuáles son los principales consejos que se dan en los primeros capítulos del Eclesiástico?

Oración final (ver página 15)

Hacer la oración final ahora o después de la *Lectio divina*.

Lectio divina (ver página 8)

Relaja tu cuerpo y mantén una postura de oración –espalda recta, ojos cerrados, pies en el piso–. Puedes tomar todo el tiempo que desees para hacer este ejercicio; sin embargo, para los fines de este Estudio Bíblico, de 10 a 20 minutos es suficiente.

Las meditaciones que se ofrecen a continuación tienen como fin ayudar a los participantes a familiarizarse con esta forma de oración; sin embargo, se debe tener en cuenta que la *Lectio divina* trata de llevar a la persona a la contemplación orante, esto es, a una contemplación más profunda donde la Palabra de Dios le habla al corazón. Para llegar a esto último, puede necesitarse más tiempo. Si deseas más información, ve a la página 8.

El don divino de la sabiduría (1—2)

Así como otros autores de la literatura sapiencial, Ben Sira nos enseña que el temor del Señor es el inicio de la sabiduría y añade: "El temor del Señor deleita el corazón, da alegría, gozo y larga vida" (1:12). La piedad y reverencia para con Dios alcanza la plenitud de la sabiduría y con ellas esplendidos dones (cf.1:16).

✠ ¿Qué más podemos aprender de este pasaje?

Responsabilidades ante el Señor (3—4)

En la cultura israelita, el respeto y cuidado de los padres son virtudes importantísimas que una persona debe practicar. Inspirado por Dios, Ben Sira promete generosas recompensas para los que honran a sus padres: expiación de los propios pecados, alegrías en sus propios hijos, su oración será escuchada y tendrán una larga vida. La compasión hacia los padres no será olvidada; en la tribulación el Señor se acordará de ellos (cf. 3:14-15).

✠ ¿Qué más podemos aprender de este pasaje?

PARTE 2: ESTUDIO INDIVIDUAL (ECLO 5—51)

Día 1: Las bendiciones de la sabiduría (Eclo 5—13)

El capítulo 5 aborda el tema de los vicios que las personas ricas pueden tener. Les advierte que no deben apoyarse en sus riquezas, creyéndose tan poderosos que ni el Señor puede vencerlos. Pueden caer en la presunción sobre la misericordia de Dios. Ben Sira los invita a no retrasar su conversión, pues el Señor podría anticipar su juicio sobre ellos y de nada les servirán sus bienes ante el tribunal de Dios. Y concluye el capítulo con una reflexión y consejos sobre el hablar. El sabio es una persona que escucha mucho y sabe callar cuando desconoce algo, antes que inventar o mentir.

El capítulo 6 se abre con una amonestación sobre el dominio de las propias pasiones, pues el que se deja dominar por ellas trae la ruina sobre sí mismo y se convierte en el hazmerreír del enemigo. En los versículos 5-17 (cf. también 37:1-6) Ben Sira ofrece enseñanzas sobre la amistad. Las hermosas palabras multiplican los amigos, pero sea uno solo tú confidente entre mil. Alerta contra los "amigos" de ocasión, que son prestos para compartir la mesa, pero abandonan en los momentos de dificultad. El amigo fiel es un apoyo seguro, un tesoro de valor incalculable, un don de Dios. Del v.18 al final del capítulo, Ben Sira anima a la búsqueda de la sabiduría. Esta implica fatiga y perseverancia; pero se da a conocer a los que la buscan. La sabiduría al final se vuelve descanso y fuente de alegría. Camino seguro para obtenerla es escuchar con interés toda Palabra que viene de Dios, meditar sus preceptos y practicar sus mandamientos.

En el capítulo 7:1-31, Ben Sira ofrece consejos varios, como un padre aconsejando a su hijo: que no haga el mal para que el mal no lo domine; que huya de la injusticia, pues quien siembra en ese campo, cosechará siete veces más injusticias; que no pida al Señor poder ni puestos de honor al rey; que no se crea justo ante el Señor ni sabio ante el rey; que no sea pusilánime en la oración ni se olvide de dar limosnas; que no se burle del hombre que vive en aflicción ni engañe; que sepa decir siempre la verdad; que sea laborioso y profundamente humilde; que valore y cuide lo que tiene: su familia, los siervos y sus bienes; que honre a su padre y a su madre; que tema al Señor y respete a sus ministros, ayudándoles conforme a lo prescrito por la Ley; que ame a su

Creador con todas sus fuerzas; que tienda la mano a los pobres; que consuele a los que lloran y que visite a los enfermos.

El capítulo 8 continúa con consejos varios: que el hijo no pelee contra los poderosos y ricos, no sea que caiga en sus manos; que no discuta con el charlatán ni bromee con el insensato; que no reproche al que se arrepiente del pecado; que no se burle del anciano; que no se alegre por la muerte de nadie; que no desprecie el discurso de los sabios y las historias de los ancianos, para que aprenda la prudencia.

En el capítulo 9, Ben Sira habla del trato con las mujeres. No deben permitir que una mujer dañe su dignidad; que no se entretenga con malos pensamientos respeto a una virgen; que no se entreguen a prostitutas; que sepa controlar su vista al salir por la calle; que respete a la mujer casada.

El capítulo 10, se abre con consejos a los gobernantes: que busquen la sabiduría y la prudencia, para beneficio del pueblo bajo su responsabilidad. Del versículo 6 al 18, Ben Sira habla de la soberbia y los males que acarrea. Su origen está en el alejamiento del Señor, apartando de él el propio corazón. "El Señor derribó del trono a los poderosos y en su lugar hizo sentar a los sencillos" (v.14). De los versículos 19 a 25, Ben Sira habla del honor y el deshonor. Nadie está por encima del que teme al Señor. Y de los versículos 26 a 31, el autor regala preciosos consejos sobre la humildad.

"No alabes al hombre por su belleza, ni desprecies a nadie por su aspecto", dice Ben Sira (capítulo 11:2), pues como leemos en 1 Samuel 16:7, el hombre ve la apariencia, pero el Señor ve el corazón. Pequeña es la abeja entre los animales que vuelan, pero lo que ella produce es lo más dulce. Muchos tiranos acabaron por tierra, muchos poderosos fueron humillados y muchos hombres ilustres cayeron en poder de otros (vv.5-6). En la siguiente sección (11:7-11), Ben Sira trata de la prudencia, virtud que nos ayuda a escuchar antes de responder; a reflexionar, antes de censurar; a comprometernos a hacer solo aquello que podemos cumplir. Finalmente anima a la confianza en el Señor, que bendice y recompensa al que es piadoso; también anima a huir de la compañía de los malvados.

En el capítulo 12, Ben Sira habla sobre hacer el bien a los piadosos y en la sección de los vv.8-18 añade máximas sobre el tema de la amistad. En el capítulo 13 reflexiona sobre los contrastes entre la pobreza y la riqueza; el comportamiento y el trato del rico y del pobre. "Buena es la riqueza adquirida sin pecado, mala es la pobreza en boca del impío".

Lectio divina

Pasa de 8 a 10 minutos en contemplación silenciosa del siguiente pasaje:

"Si haces el bien, mira a quién", dice el Ben Sira (12:1). "Da al hombre piadoso, pero no ayudes al pecador" (v.4). "Haz el bien al humilde, pero no des nada al malvado" (v.5). La razón que alude es que los dones dados al malvado pueden convertirse en males contra uno mismo. En el Sermón de la Montaña Jesús nos invitará a ir más allá, a amar y a hacer el bien hasta a nuestros mismos enemigos. Nos invita a ser misericordiosos como nuestro Padre Celestial es misericordioso (cf. Lc 6:27-38).

✠ ¿Qué más podemos aprender de este pasaje?

Día 2: La sabiduría de Dios en la creación (Eclo 14—22)

En el capítulo 14, Ben Sira alaba a los que no hacen daño a nadie y tienen una conciencia limpia. El que vive para sus riquezas tendrá preocupaciones inútiles, pues al morir sus bienes quedarán en manos de extraños. El capítulo 15 se abre con estas palabras: "el que teme al Señor, el que abraza la ley alcanza la Sabiduría", la cual "como una madre le sale al encuentro, lo acoge como una joven esposa" (Eclo 15:1-2). Le brinda el pan del conocimiento y el agua del entendimiento. Dios creó al ser humano con libertad de elección. La Sabiduría de Dios todo lo ve y "A nadie obligó a ser impío, a nadie dio permiso para pecar" (Eclo 15:20).

En el capítulo 16 Ben Sira afirma que un hijo justo vale más que mil malvados. La sabiduría de Dios ha asignado a cada cosa creada su puesto y a cada ser humano su tarea. "El Señor creó al hombre de la tierra, y a ella le hará volver de nuevo. Asignó a los hombres días contados y un plazo fijo, y les concedió también el dominio de la tierra" (Eclo 17:1-2). Hechos a imagen y semejanza de su Creador, fueron dotados de inteligencia y conocimiento, autoridad sobre todo lo creado, capacidad para distinguir el bien y el mal; les enseñó a alabar el nombre del Señor, con ellos hizo una alianza eterna y les reveló sus mandamientos.

El capítulo 18 trata del insondable misterio de Dios desplegado en la creación, su poder y misericordia. Aunque el hombre viva cien años, estos son como una gota de agua en el océano o un grano de arena comparados con la eternidad de Dios y concluye la primera sección del capítulo alabando la misericordia de Dios (vv. 13-14). El hombre caritativo sabe unir la limosna a la buena palabra. El sabio es precavido en todo y sabe dominar sus instintos y pasiones.

En el capítulo 19 Ben Sira continúa con el tema apenas enunciado al final del capítulo anterior y advierte sobre la vida licenciosa, entregada a los placeres. "El temerario perderá la vida" (v.3).

A continuación añade consejos sobre el dominio de la lengua y concluye mencionando las características de la verdadera y falsa sabiduría. En el capítulo 20, concretamente en los versículos 1-8.18-26, retoma el tema del hablar. En medio de estos versículos, en los vv. 9-17, hace una reflexión en forma de paradojas sobre diversas realidades de la vida.

El capítulo 21 afirma que la oración del pobre va desde sus labios a Dios, el cual le responde rápidamente. Los pecadores rechazan la corrección que a los piadosos lleva al arrepentimiento. El conocimiento del sabio crecerá como un torrente de agua viva, pero la mente del insensato es como un jarrón roto que no retiene el conocimiento. El sabio alaba las palabras del sabio y se enriquece; el necio se ríe de ellas y las desprecia. El capítulo 22, que se abre con dos máximas sobre la pereza, continúa hablando de los hijos maleducados (vv.3-6), centrándose en la sabiduría y la necedad. La mente del sabio es como una fuerte viga de sustentación de todo el edificio de su vida; el corazón del necio, en cambio, es como una empalizada sobre un muro que no resiste al viento.

Lectio divina

Pasa de 8 a 10 minutos en contemplación silenciosa del siguiente pasaje:

La tradición sapiencial nos invita a tener un corazón sabio. En la Biblia, el corazón es la sede de la inteligencia y del discernimiento más que de los sentimientos. Sabio es el que sabe oír y recoger como tesoro todas las enseñanzas de la sabiduría divina, esparcidas en la creación y en su Palabra. La vida del sabio es como un edificio apoyado sobre sólidos cimientos. Jesús retomará más tarde esta idea (cf. Mt 7:24-27).

✠ ¿Qué más podemos aprender de este pasaje?

Día 3: Alabanzas y advertencias de la sabiduría (Eclo 23—31)

Los versículos introductorios del capítulo 23 (1-6) forman una hermosa oración en la cual Ben Sira se dirige a Dios como "Señor, padre y dueño" de su vida. En ella pide al Señor que lo proteja del orgullo, de los malos pensamientos y deseos, para que no caiga en el pecado. A continuación, advierte sobre los vanos juramentos (vv.7-11). "Hay palabras equiparables a la muerte", dice Ben Sira (v.12). Uno puede hacer muchísimo daño al prójimo simplemente con la palabra. En los vv.16-27, Ben Sira advierte sobre la lujuria y el adulterio. El que se abandona a la lujuria, multiplica pecados.

El capítulo 24 es un elogio de la sabiduría. Se vale del conocido recurso de la literatura sapiencial, esto es, hacer que la Sabiduría dé un discurso en primera persona. La sabiduría afirma que proviene de la boca del Altísimo y cubrió como niebla la tierra entera (v.3). Echó raíces en Jerusalén, la ciudad que el Altísimo amó, en la cual ella floreció como una majestuosa foresta, cuyos árboles extendieron sus ramas a todos los que la desearon. Los que se alimentaron de sus frutos, tuvieron todavía más hambre y sed de ella. En el v.23, Ben Sira relaciona la sabiduría con la Ley de Moisés. La sabiduría derrama sus enseñanzas también en forma de profecía (v.33).

El capítulo 25, presenta tres breves secciones, sin relación entre ellas. En la primera (vv.1-2), al parecer siendo la sabiduría quien habla, Ben Sira refiere tres cosas deseables que agradan al Señor y a los hombres: concordia entre hermanos, amistad entre vecinos y armonía entre los esposos; y tres tipos de persona que aborrece: pobre orgulloso, rico embustero y anciano insensato. Los versículos 3-6, siguen hablando del tema de la vejez con el cual termina el v.2. La segunda sección (vv.7-11) es un proverbio numérico, que enuncia diez situaciones que el autor considera dichosas. El capítulo concluye con algunos proverbios sobre la mujer.

En el capítulo 26, Ben Sira continúa con el tema de la mujer. Empieza hablando de las bendiciones que una buena esposa trae sobre su esposo y luego de los males que trae la celosa. Los proverbios que siguen presentan consideraciones sobre varias categorías de mujeres. En el versículo 28 enumera dos cosas que traen tristeza al corazón y una tercera, que causa indignación. Y en el capítulo 27, retoma el tema de la prudencia en el hablar.

El capítulo 28 se abre con una importante enseñanza, que Jesús retomará en el padrenuestro: "Perdona la ofensa a tu prójimo, y, cuando reces, tus pecados te serán perdonados" (vv.2). A continuación habla de los males que acarrean las riñas y concluye con el tema de las malas lenguas. "Muchos han caído a filo de espada, pero no tantos como las víctimas de la lengua" (v.18).

En el capítulo 29 Ben Sira habla de los préstamos. Muchos observan los mandamientos prestando a su prójimo, pero a la vez, varios de los que reciben el préstamo luego causan problemas a los que les ayudaron: retrasan sus pagos, inventan disculpas, pagan solo la mitad o bien con imprecaciones e insultos. A continuación anima a la generosidad con los pobres y necesitados.

En el capítulo 30 Ben Sira habla de la educación de los hijos. "El que educa a su hijo, tendrá muchas satisfacciones" (v.2). La educación implicará muchas veces la reprimenda y el castigo. "Educa a tu hijo y trabájalo bien, para que no tengas que soportar su insolencia" (v.13). A continuación trata de la salud (vv.14-20) y concluye con hermosas máximas sobre la alegría. "La alegría de corazón es vida para el hombre, y la felicidad le alarga los días" (v. 22). El capítulo 31 trata de las ansiedades del rico, al que añade proverbios sobre el comer y el beber.

Lectio divina

Pasa de 8 a 10 minutos en contemplación silenciosa del siguiente pasaje:

Ben Sira nos enseña a estar contentos con lo que tenemos y a la vez a compartir nuestros bienes con los que se encuentran en necesidad. Lo que importa no es cuánto tenemos, sino el modo como usamos aquello que poseemos. "sé generoso con el humilde, y no le hagas esperar por tu limosna. Si quieres cumplir el mandamiento, acoge al indigente, y según su necesidad no lo despidas con las manos vacías" (Eclo 29:8-9)

✠ ¿Qué más podemos aprender de este pasaje?

Día 4: Confianza en el Señor y no en los sueños (Eclo 32—41)

El capítulo 32 empieza con algunos consejos sobre cómo comportarse en un banquete. El que lo preside que sepa servir primero. El anciano debe tener prioridad en la palabra. Al joven le corresponde sobre todo escuchar. De los versículos 14 al 24, Ben Sira trata del temor de Dios. "Los que temen al Señor son justificados, sus buenas acciones brillan como la luz" (v.16).

"Al que teme al Señor no le sucede ningún mal, e incluso en la prueba será liberado" continúa Ben Sira (capítulo 33:1). Del versículo 7 al 15, Ben Sira refiere algunos contrastes que encuentra en la creación de Dios. "Como la arcilla en manos del alfarero, que la modela según su voluntad, así los hombres en manos de su Hacedor, que da a cada uno según su criterio" (13). En los versículos 16 a 19, Ben Sira insiere una nota autobiográfica en la cual manifiesta toda su dedicación y fatigas por la sabiduría, no solo en favor de sí mismo, sino también de los demás. "En todas tus obras sé dueño de ti mismo, no dejes que se manche tu reputación" (v.23). El capítulo se concluye con algunas consideraciones sobre los esclavos (institución social aceptada en su época).

En el capítulo 34 Ben Sira advierte sobre los sueños, pues muchos se han desviado creyendo en ellos, aunque el Señor puede también intervenir por este medio. Alaba a los que temen al Señor, cuyos ojos están sobre los que confían en él. El Señor no se complace con las ofrendas de los impíos ni puede prestar atención a la oración de los que se abandonan al pecado.

El sacrificio del justo es aceptado por Dios, continúa Ben Sira en el capítulo 35, y jamás es olvidado por él. El que hace una ofrenda al Altísimo, es generosamente recompensado por él. Dios sin embargo no acepta dones obtenidos por medio de extorsión, pues el Señor es un Dios justo. El grito del pobre penetra hasta las nubes y el Altísimo no deja de responder a sus plegarias.

En el capítulo 36, Ben Sira reza por el pueblo de Israel, suplicando a Dios que defienda a su pueblo de las naciones extranjeras, para que este vea con sus propios ojos sus obras. La salvación de los israelitas manifiesta la gloria del Señor a las demás naciones. Y concluye el capítulo hablando de la importancia del discernimiento para tomar decisiones en la vida.

El capítulo 37 dedica de nuevo algunas líneas al tema de la verdadera y falsa amistad. A continuación, anima a buscar la compañía de los piadosos, a confiar el propio corazón a Dios y a pedirle que guíe los propios pasos por el camino justo. El sabio beneficia a muchos. En el capítulo 38, el autor hace algunas consideraciones sobre el valor de los médicos y de la medicina. El Señor ha creado medicinas sobre la tierra. Él es quien da la ciencia a los hombres. Con las medicinas el médico cura y elimina los sufrimientos; pero en la enfermedad, antes de recurrir a un médico, se debe recurrir al Señor. El capítulo se concluye con algunas anotaciones sobre el duelo, seguidas de algunas reflexiones sobre varios oficios manuales.

Los escribas, es decir, los que estaban dedicados al estudio de la Ley y de la sabiduría de los antiguos, son el tema con el cual Ben Sira abre el capítulo 39. Lo primero que deben hacer es elevar sus súplicas al Señor cada día, para que les conceda el don del conocimiento. De los versículos 12 al 35, Ben Sira ofrece una hermosa invitación a la alabanza de Dios: "Como incienso derramen buen olor, florezcan como el lirio, exhalen perfume, entonen un cantar, bendigan al Señor por todas sus obras" (v.14). El capítulo 40 trata de las alegrías y miserias de esta vida. Y el capítulo 41 reflexiona sobre la muerte, el destino de los justos y el de los impíos. "La buena vida tiene los días contados, pero el buen nombre permanece para siempre" (41:13).

Lectio divina

Pasa de 8 a 10 minutos en contemplación silenciosa del siguiente pasaje:

"El temor del Señor es un paraíso de bendición, protege más que cualquier otro escudo" (Eclo 40:27). El temor de Dios ha sido un tema recurrente en el pensamiento de Ben Sira. La reverencia filial para con Dios es un don del Espíritu Santo que debemos pedir con perseverancia. El temor de Dios purifica el corazón, hace crecer en la humildad, llena el alma de paz y atrae sobre el que lo practica la mirada misericordiosa del Padre.

✠ ¿Qué más podemos aprender de este pasaje?

Día 5: Elogio de los antepasados de Israel (Eclo 42—51)

Después de dos capítulos iniciales con máximas sobre la verdadera y falsa vergüenza, y las obras de Dios en la naturaleza (capítulos 42-43), la sección final del libro de Ben Sira la ocupa un elogio a los antepasados de Israel (capítulos 44 - 50:24). Este empieza con los antiguos Patriarcas llegando hasta el Sumo Sacerdote Simón (lo más seguro es que se trate de Simón II, 219-199 a.C.).

Ben Sira dedica la segunda parte del capítulo 42 a las preocupaciones de un padre por su hija, la cual es para él "una secreta inquietud" (v.9). En 42:15 - 43:33 Ben Sira se sirve de un recurso literario llamado *onomasticon*, el cual presenta un argumento sirviéndose de nombres de lugares, profesiones, flora, fauna, etc. En esos versículos desarrolla una reflexión sobre la sabiduría de Dios manifestada en la naturaleza, alabando al Creador Todopoderoso. Empezando con una referencia a la creación del cielo, Ben Sira habla del sol, la luna, las estrellas, el arcoíris y otros elementos de la naturaleza. "Porque el Señor lo ha hecho todo, y a los piadosos les ha dado la sabiduría" (cf. Eclo 43:33).

"Hagamos el elogio de los hombres ilustres, de nuestros padres según sus generaciones". Así empieza Ben Sira la gran sección del capítulo 44. El enfoque de sus reflexiones es la sabiduría de Dios en la historia de su pueblo, a partir de grandes personajes del pasado de Israel. Hasta el versículo 15, Ben Sira ofrece reflexiones de conjunto sobre los Padres, cuya descendencia permanece para siempre y cuya gloria no se borrará (v.13). A continuación, con breves apartados, Ben Sira alaba a los grandes patriarcas referidos en la Escritura, empezando por Henoc, siguiendo con Noé, Abrahán, Isaac y Jacob (vv.16-23).

El capítulo 45 se abre con una alabanza de Moisés, amado de Dios y de los hombres, de bendita memoria (v.1). A él, Dios hizo conocer algo de su gloria, hizo oír su voz, y le trasmitió los Mandamientos, ley de vida para Israel. A continuación habla de Aarón, a través del cual Dios da origen a la estirpe sacerdotal. Habla de los ornamentos sagrados que vestía para el servicio del altar de Dios, de su consagración por Moisés y de la alianza eterna que el Señor hizo con él: "presidirá el culto, ejercerá el sacerdocio, y bendecirá a su pueblo en nombre del Señor" (v.15). Y en los vv. 23-26, habla del celoso sacerdote Pinjás, descendiente de Aarón (cf. Nm 25-7-13).

A este sigue un elogio a Josué (capítulo 46), que condujo al pueblo a la Tierra Prometida y su fiel ayudante Caleb. Los versículos 11-12, hacen una mención colectiva de los jueces de Israel, "bendita sea su memoria". El siguiente personaje al que Ben Sira alaba es Samuel, amado del Señor, profeta que estableció la monarquía (v.13). Después menciona al profeta Natán (cf. 2 Sam 7; 12). David es alabado por su gran piedad para con Dios, por lo que el Señor perdonó sus pecados (v.11). De Salomón, como era de esperar, Ben

Sira habla de su proverbial sabiduría, de la construcción del Templo, pero sin dejar de reprocharle su abandono a la sensualidad y la división del reino davídico que tuvo lugar después de su reinado.

La siguiente figura a quien Ben Sira alaba es el gran profeta Elías (capítulo 48), con algunos versículos dedicados a Eliseo (cf. 1 Re 17-19). Los versículos 15-16 hablan de la infidelidad y del castigo del Reino del Norte, que sirven de puente para hacer algunas anotaciones sobre Ezequías y el gran profeta Isaías (vv.17-25). "Porque Ezequías hizo lo que agrada al Señor, y se mantuvo firme en los caminos de David su padre, como se lo ordenaba el profeta Isaías, el grande y digno de fe en sus visiones" (v.22). El capítulo 49 se abre con un elogio al piadoso rey Josías, que hizo recordar la Ley del Señor y purificó Israel del culto de los ídolos. A continuación habla de Zorobabel, del sacerdote Josué y de Nehemías. En los versículos 14-16, a modo de recapitulación, vuelve a evocar a los patriarcas –Henoc, José, Sem, y Set– y al progenitor de la raza humana, Adán.

Finalmente, en los primeros versículos del capítulo 50, Ben Sira alaba al Sumo Sacerdote Simón, contemporáneo suyo, con gran exuberancia de términos (cf. vv. 6-21). Simón renovó el Templo y la Ciudad Santa. Así concluye su elogio de los Padres. En 50:25, Ben Sira dará inicio a la conclusión de su largo escrito, con una exhortación a la alabanza del Dios del universo, que hace grandes cosas por doquier, seguida por un himno de acción de gracias (51:1-12) y una nota autobiográfica sobre su búsqueda de la sabiduría, que alaba lleno de entusiasmo. Termina su escrito, caso único en la literatura veterotestamentaria, con su firma: "Sabiduría de Jesús, hijo de Sira".

Lectio divina

Pasa de 8 a 10 minutos en contemplación silenciosa del siguiente pasaje:

"He luchado para obtenerla, he observado la práctica de la ley, he tendido mis manos hacia el cielo y he lamentado haberla ignorado. Hacia ella he orientado mi vida, y en la pureza la he encontrado" (Eclo 51:19). En esta anotación, Ben Sira nos ofrece un camino seguro para obtener de Dios el espléndido don de la sabiduría y, con ella, beneficiarnos de estupendos tesoros en el cielo.

✠ ¿Qué más podemos aprender de este pasaje?

Preguntas de repaso

1. ¿Cuáles son las bendiciones de la Sabiduría según Eclesiástico 6?

2. ¿Qué enseñanzas nos ofrece el autor sobre la moderación y la paciencia en el capítulo 11?

3. ¿Cuáles son algunos de los dones que el temor del Señor aporta a la vida del creyente, según el pensamiento de Ben Sira?

4. ¿Qué aplicación podemos hacer para nuestras vidas del elogio de los Padres (Eclo 44:1-50:24)?

Acerca de los autores

El **P. William A. Anderson, DMin, PhD,** sacerdote de la diócesis de Wheeling-Charleston, Virginia del Oeste, director de retiros y misiones parroquiales,profesor, catequista y director espiritual. También fue párroco. Ha escrito numerosas obras sobre pastoral, temas espirituales y religiosos.

El P. Anderson obtuvo el doctorado en Ministerio por la Universidad y Seminario de Santa María de Baltimore y el doctorado en Teología Sagrada por la Universidad Duquesne de Pittsburgh.

El **P. Lucas Teixeira** nació en Ijui, Brasil en 1974. Estudió Humanidades Clásicas en Connecticut, Estados Unidos y Filosofía y Teología en el Pontificio Ateneo Regina Apostolorum de Roma. Es sacerdote desde 2007, y desde entonces se ha venido especializando en Sagrada Escritura en el Pontificio Instituto Bíblico de Roma, donde actualmente lleva a cabo sus estudios de doctorado.

Cuenta también con estudios en lenguajes semíticos antiguos mismos que llevó a cabo en la Universidad de Leiden (Holanda). Se ha especializado en el estudio de los Padres de la Iglesia y de la tradición litúrgica, y en su integración con los distintos enfoques bíblicos actuales.

www.ingramcontent.com/pod-product-compliance
Lightning Source LLC
LaVergne TN
LVHW051248080426
835513LV00016B/1798